A História refigurada
Novas reflexões sobre uma antiga disciplina

Conselho Acadêmico
Ataliba Teixeira de Castilho
Carlos Eduardo Lins da Silva
José Luiz Fiorin
Magda Soares
Pedro Paulo Funari
Rosângela Doin de Almeida
Tania Regina de Luca

Proibida a reprodução total ou parcial em qualquer mídia
sem a autorização escrita da editora.
Os infratores estão sujeitos às penas da lei.

A Editora não é responsável pelo conteúdo da Obra,
com o qual não necessariamente concorda. O Autor conhece os fatos narrados,
pelos quais é responsável, assim como se responsabiliza pelos juízos emitidos.

Consulte nosso catálogo completo e últimos lançamentos em **www.editoracontexto.com.br**.

Keith Jenkins

A História refigurada
Novas reflexões sobre uma antiga disciplina

tradução
Roberto Cataldo Costa

Copyright © 2003 Keith Jenkins

Todos os direitos reservados. Tradução autorizada da edição em inglês editada por Routledge, membro da Taylor & Francis Group

Montagem de capa e diagramação
Gustavo S. Vilas Boas

Preparação de textos
Tatiana Borges Malheiro

Revisão
Ana Paula Luccisano

Dados Internacionais de Catalogação na Publicação (CIP)
(Câmara Brasileira do Livro, SP, Brasil)

Jenkins, Keith.
A história refigurada : novas reflexões sobre uma antiga disciplina / Keith Jenkins ; tradução de Roberto Cataldo Costa. – São Paulo : Contexto, 2014.

Título original: Refiguring history.
ISBN 978-85-7244-852-9

1. História – Filosofia 2. Historicismo 3. Historiografia I. Título

14-02963   CDD-901

Índice para catálogo sistemático:
1. História : Filosofia 901

2014

EDITORA CONTEXTO
Diretor editorial: *Jaime Pinsky*

Rua Dr. José Elias, 520 – Alto da Lapa
05083-030 – São Paulo – SP
PABX: (11) 3832 5838
contexto@editoracontexto.com.br
www.editoracontexto.com.br

Se o futuro existisse, concreta e individualmente, como algo que pudesse ser discernido por uma mente mais bem dotada, talvez o passado não fosse tão sedutor: suas exigências seriam contrabalançadas pelas do futuro. As pessoas poderiam, então, cavalgar a parte central da gangorra, ao considerarem este ou aquele objeto. Talvez fosse divertido.
(V. Nabokov, Transparências)

Para Sue Morgan, com muito amor

Agradecimentos

Eu gostaria de agradecer a Alun Munslow por apoiar a "ideia" deste texto e por sua estimulante leitura da versão final. Beverley Southgate também leu a penúltima e a última versões, e também sou imensamente grato por sua atenção meticulosa aos detalhes e por seus comentários generosos; é bom ter amigos como esses. Victoria Peters, da Routledge, apoiou o livro o tempo todo, e seu entusiasmo permanente com projetos como este vai muito além do que se poderia normalmente esperar de editores. Carole Farnfield, mais uma vez, conseguiu decifrar a minha letra e pacientemente produzir uma versão digitada que nunca consigo da primeira vez. Acima de tudo, no entanto, gostaria de agradecer a Sue Morgan, que entrou na minha vida de forma bastante inesperada e, com seu amor e sua bonita amizade, transformou-a totalmente. Sendo ela própria historiadora, sua capacidade para expressar ideias com uma lucidez que só posso invejar me fez pensar nas coisas de um modo que nunca me teria ocorrido se tivesse escrito sozinho. Este livro é para ela, e espero que goste.

Sumário

Introdução...........9

Tempo(s) de abertura...........19

Ordem(ns) do dia...........51

Começar de novo: das disposições desobedientes...........85

Coda...........99

Notas...........103

Índice...........109

Introdução

> A teoria crítica da história tenta mudar as regras da escrita da história ou mesmo questionar se qualquer jogo que envolva escrever sobre história *vale a pena*. É difícil dizer isso, mas os [...] teóricos discutidos a seguir estão de acordo em que, depois de 2.500 anos de *representações equivocadas* por parte de historiadores, do absoluto tiro no escuro da representação histórica, da transformação de *olhares a posteriori* em um *recurso* para o controle do futuro, já era hora de se cogitar não jogar esse jogo. Não histórico: esse é o caminho da barbárie, não é?
>
> (Sande Cohen, *French Theory in America*)

Desde 1991, a editora Routledge publicou quatro livros nos quais eu tentei abordar a questão da "natureza da história hoje": *Rethinking History* (1991) [*A História repensada*], *On "What is History!" From Carr and Elton to Rorty and White* (1995), *The Postmodern History Reader* (1997) e *Why History! Ethics and Postmodernity* (1999). Nos três primeiros, promovi o que chamei de abordagem pós-moderna à historicização do passado, por ser a melhor disponível em nossa atual condição cultural,[1] enquanto, no quarto, levei a discussão um pouco mais adiante. Em *Why History!*, argumentei que, embora as abordagens pós-modernas ainda possam muito bem oferecer a melhor maneira de ler e escrever histórias, nos ricos atos da imaginação proporcionados por teóricos que não são historiadores (por exemplo, Roland Barthes, Michel Foucault, Jean Baudrillard, Jean-François Lyotard, Judith Butler, Alain Badiou, Elizabeth Ermarth et al.)[2] e que, nesse sentido, não precisam muito da história, agora temos suficiente capacidade intelectual para começar a trabalhar por um futuro emancipatório individual e social *sem* ela.

Em termos de pensamento que nos fortaleça para a crítica, meu argumento foi o de que os historiadores podem já não ter muito a dizer a uma cultura que parece tardia demais para ainda ser moderna e sobre a qual se pode argumentar que é tão a-histórica em suas práticas que as maneiras modernas de fazer história, seja à maneira ideológica (metanarrativa em maiúsculas), seja à maneira acadêmica (profissional em minúsculas), podem muito bem estar chegando ao fim. Em um sentido realmente muito tangível, o pós-modernismo, portanto, pareceu-me sinalizar o fim, pelo menos desses tipos de conceituações da história e, talvez, até mesmo o fim do pensar historicamente como um todo. E argumentei que, à luz dos discursos alternativos oferecidos pela gama de pensadores culturais e filosóficos que mencionei, isso poderia ser considerado "uma coisa boa".

É principalmente a partir do que se pode chamar dessa posição do "fim da história" – e várias resistências a ela – que surgem os argumentos deste livro. Pois, no geral, sigo não sendo convencido por contra-argumentos que continuam a enfatizar a importância crucial de uma consciência histórica como necessidade pessoal e social (por exemplo, os de Arthur Marwick em sua obra *The New Nature of History*) ou por aqueles traficantes de pânico que insistem em que, desprovida de fundações epistemológicas, metodológicas e éticas, a história vai deslizar impotente pela encosta escorregadia do relativismo e do ceticismo pós-modernos, em direção ao tão ameaçado e aparente "desastre do niilismo" (segundo Richard Evans em seu *In Defence of History* [*Em defesa da história*]).³ E, no entanto, ao mesmo tempo, estou ciente de que, apesar da minha própria posição em relação à natureza possivelmente fora de moda da história, o estudo da história "adequada", profissional, acadêmica – o único objeto de minha atenção neste texto – ainda continua no ensino superior e ainda tem uma aparência de vitalidade ocasional. Também estou ciente de que, para muitos professores e alunos de história, ainda não chegou a mensagem de que, para que a história se mantenha por um tempo, apesar de um pouco moribunda, a vida que ela ainda pode ter *deve* ser concebida através do prisma reflexivo de um discurso pós-moderno ligado à ideia de emancipação. Assim, neste texto, tento apresentar, àqueles estudantes de história que estão empenhados em "fazer história" ou prestes a isso, três conjuntos daquilo que eu espero que sejam novos argumentos para vê-la da maneira que sugiro. São argumentos que se colocam em *desobediência crítica* às normas da teoria e da prática profissionais predominantes em história e que tentam soprar todo o ar fresco possível em uma "disciplina antiga" ao refigurá-la em um discurso que aceite e celebre com gratidão o que chamaremos de falhas inevitáveis da representação/ apresentação histórica, em vez de lutar para superá-las.

Desenvolvo esses três conjuntos de argumentos em três capítulos. Em primeiro lugar, no capítulo "Tempo(s) de abertura", apresento uma série de reflexões teóricas gerais, extraídas do teórico francês Jacques Derrida e de outros bastante influenciados por ele. Juntos, esses pensadores são apresentados aqui como defensores da abertura interminável e, portanto, de intermináveis diferenças interpretativas históricas (de parte dos historiadores), problematizações, incertezas e dilemas por razões políticas sólidas. E há uma questão sutil, mas importante, a ser apontada aqui; pois, apesar de a maioria dos historiadores atualmente adotar uma versão de pluralismo interpretativo em seus trabalhos, argumentarei que essa não é a mesma agenda defendida pelas perspectivas pós-modernas. Isso porque, não importa quantas "diferentes interpretações" possa admitir, a maioria dos historiadores tradicionais continua a lutar pelo "conhecimento histórico verdadeiro", pela objetividade, pelo relato sinóptico baseado em evidências e pela verdade no final da investigação; em outras palavras, pelo que sejam *fechamentos* efetivamente interpretativos. E vou propor exatamente o oposto: que, em nome da abertura interminável e de possibilidades impensadas, *devemos* ter uma oposição implacável a cada tipo de fechamento, por, pelo menos duas razões. Em primeiro lugar, porque, com relação ao texto histórico, a abertura interminável simplesmente é inevitável do ponto de vista lógico: não há maneira de jamais se chegar a qualquer fechamento histórico – disso não restam dúvidas. Em segundo, porque essa abertura inevitável permite a produção de leituras e releituras, escritas e reescritas radicais que sejam novas, desrespeitosas e contenciosas sobre o passado ("o antes do agora") – e isso é excelente. As razões para essa desejável refiguração *ad infinitum* são explicadas em detalhes nos capítulos seguintes, mas o pensamento abertamente político que as informa pode ser resumido agora de uma forma prefaciada, de modo que o possamos ter em mente desde o início.

Defendo que, quando as pessoas (indivíduos) são inseridas, crescem e vivem em qualquer formação social e cultural, essa socialização ou enculturação nunca é fácil e, mais importante, jamais se realiza plenamente, de modo que a identidade ocasional que os indivíduos habitam é sempre temporária e, portanto, está sempre se tornando outra, além da que é.

O que constitui (conforma) o sujeito humano em qualquer momento no espaço e no tempo não é, portanto, a expressão de algum núcleo interior ou "essência" humana, e sim o resultado desse processo dinâmico denominado *iterabilidade* (o processo de repetição e diferença, da repetição do nunca exatamente igual), que garante que ninguém jamais esteja completo, estável ou fixo "de uma vez por todas". Aqui, formas dominantes de poder enculturador estão expostas em sua falha, por jamais "costurar" completamente o "indivíduo social". E é essa condição "falha", sempre tensa e estressante, e, consequentemente, esse jogo interminável de devir instável nos níveis do pessoal-político que dão uma chance à política radical, desobediente e, portanto, contra-hegemônica (contradominante). Isso porque, se os sujeitos nunca são completos, e sim sempre sujeitos (melhor dizendo, subjetividades) em constante formação, essa instabilidade possibilita todos os tipos de contradições e ambivalências pessoais e sociais reais. Na medida em que os sujeitos têm identidades com as quais possam se identificar, essas identidades – quem nós *pensamos* que somos – são sempre equilíbrios temporários entre os nossos êxitos e nossas falhas na hora de resolver as tensões que corporificamos.

Da mesma forma, e estendendo essa maneira de pensar à esfera do social, nenhuma formação social/cultural é capaz de transformar em relações harmoniosas e fixas os padrões de dominação e subordinação que a constituem de forma tão incômoda, mais do que "seus" sujeitos individuais o são de resolver as tensões internas de suas identidades, informados, como são, precisamente pelas formas nas quais estão imersos no social. Assim, podemos começar a concluir essas observações tão abreviadas dizendo que, no âmbito sociocultural, como no âmbito do sujeito, nenhum ordenamento hegemônico (dominante) é seguro: está sempre em risco de ser trans-formado,* re-figurado. Além disso, como nenhuma solução dada de qualquer formação sociocultural ou mesmo

---

* N. E.: Mantivemos grafia com hífens, conforme original do autor.

de qualquer nova contra-acomodação é "natural" (não se baseia em qualquer ordem natural e/ou "real" cognoscível das coisas), nenhuma "acomodação" pode jamais ser fundamentada ou legitimada com base em como *sabemos* que as coisas realmente são, por razões epistemológicas. Assim, esse reconhecimento de que nenhum sujeito ou sistema político jamais será totalmente *fechado* é o que dá uma chance à democracia radical, e o teórico político Ernesto Laclau (pois é de suas ideias que me sirvo neste momento) estipula uma definição de democracia radical como sendo a tentativa de preservar o caráter conflituoso de todos os processos pessoais/sociais, de modo a evitar uma formação social totalitária, enquanto, ao mesmo tempo, aponta para uma comunidade política de "igualdade e equivalência" que ainda vai dar uma oportunidade à diferença.[4]

Consequentemente, o principal objetivo deste texto é *tentar trabalhar o discurso da história na direção desse tipo de democracia radical e aberta, que entende a impossibilidade de instituir um fechamento histórico/historicizante total do passado, ao mesmo tempo que reconhece que suas formas refiguradas de conceber – ou seja, figurar – as coisas "nunca terão sido boas o suficiente"* – e que esta é a mais desejável. Neste texto, trabalho com base no pressuposto e na esperança de que ainda se possa ter a chance de aspirar a comunidades de direitos humanos, apesar do fracasso da experiência moderna do "Projeto do Iluminismo"[5] nas formas burguesa e proletária, as quais, a esta altura, encontram-se tão esgotadas e que a condição passada/pós-moderna que habitamos nos dá a possibilidade de refigurar e, assim, "começar de novo"..., principalmente, refigurando a história.

Em segundo lugar, no capítulo "Ordem(ns) do dia", tento mostrar – à luz dos argumentos mais filosóficos apresentados no capítulo "Tempo(s) de abertura" – que, referente à história profissional e acadêmica, há algumas razões, que são muito específicas da história, pelas quais a atividade interpretativa livre nunca poderá ser nem remotamente fechada pelos historiadores, mesmo que eles queiram (e, apesar dos protestos periódicos que eles fazem afirmando o contrário, acho que a maioria ainda quer). É minha convicção, e meu argumento aqui, que não existem regras nem normas de tradução ou transcrição que não sejam problemáticas (expressas por meio de diversos métodos, habilidades e práticas) e permitam que o passado (tudo o que aconteceu "antes do agora") seja verdadeiro, objetivo, justo ou cientificamente representado como "conhecimento histórico" no que concerne ao texto de história, e que essa condição é, ao invés de lamentável, repito, a melhor coisa que podemos esperar. É uma ótima notícia o fato de os historiadores nunca conseguirem simplesmente fazer as coisas direito, que suas representações e apresentações do "antes do agora" sejam sempre representações e apresentações falhas. É libertador para a imaginação criativa que não exista um método histórico correto e que a história jamais possa cumprir sua aspiração de ser uma epistemologia (que nunca possa cumprir seu desejo de obter conhecimento confiável e objetivo). Pois é essa falha que permite que se alcance a alteridade radical, que surjam novas imaginações. Não devemos desperdiçar essa chance de alteridade, de novidade, em deferência ao peso morto da ortodoxia acadêmica profissional, mesmo quando interpretada da forma mais generosa.

Em terceiro lugar, no capítulo "Começar de novo: das disposições desobedientes", sugiro uma atitude em relação a refigurações do "antes do agora" historicizado que aconteça de formas pouco imaginadas e pouco praticadas. Já disse que não tenho qualquer certeza de que qualquer tipo de discurso historicizante ainda possa ter muita ressonância em nossa formação social; quer dizer, a quem, exatamente, esse discurso fala, tanto privada quanto publicamente? Quem, à luz das maneiras em que nossas subjetividades são formadas, pode agora ser "sujeitado" à sua autoridade? Mas, se ainda se deseja que algo viva sob o antigo nome da história, talvez o melhor seja a "ficção útil" (pois, como veremos, todas as histórias são fictícias – o que está em questão hoje é seu valor continuado ou a falta dele), o que sugiro no capítulo "Começar de novo: das disposições desobedientes", com base nas razões que comecei a indicar em alguns dos parágrafos anteriores.

Isso não significa que esse capítulo ofereça uma resposta à pergunta frequente sobre "como seria uma história pósmoderna?". Não se oferece, aqui, nenhum mapa, nenhum modelo; isso seria muito modernista, também prefigurativo, para um texto. Antes, em vez disso, apresento o que pode ser mais bem descrito como "disposições favoráveis" a novas formas de imaginar; uma atitude descontraída em relação à falha criativa. O que estou defendendo no capítulo "Começar de novo: das disposições desobedientes" (e, na verdade, em todas as páginas que seguem) é uma atitude de desobediência radical e crítica que, em comparação com a maioria das análises históricas, não busque resoluções ou acordos sobre problematizações históricas, e sim, celebre o caráter falho de toda e qualquer uma delas: o que está sendo defendido o tempo todo é uma atitude que ignore convenções, desobedeça à voz autoritária e substitua qualquer fechamento definitivo por uma abertura interminável, qualquer final que pretenda esgotar por um *et cetera* e qualquer ponto-final por reticências...

Gostaria agora de fazer dois últimos comentários introdutórios. O primeiro é que, embora este livro seja, em grande medida, resultado das preocupações de *Why History!*, deve-se notar que ele também tem algumas semelhanças e intenções em relação à obra *A História repensada*. Com mais de dez anos de idade e prestes a ser publicado na coleção Routledge Classics,[6]

A História repensada buscava oferecer o que era, na época, uma crítica um tanto solitária e popularizadora das formas então predominantes de pensar sobre história acadêmica – uma situação que, pelo menos em alguns aspectos, mudou. Por um lado, nos anos seguintes, aumentou muito o número de livros – incluindo os que ofereciam alternativas mais críticas às ortodoxias históricas existentes – e a maioria dos programas de graduação e pós-graduação agora tem cursos que tratam de historiografia, teorias e métodos históricos e filosofia da história.

E, por outro lado, não resta dúvida de que o nível intelectual de trabalhos mais recentes passou a ser muito mais sofisticado e rigoroso.

No entanto, apesar da acuidade desses textos e seu desejo muito frequente de trazer à velha disciplina da história modos pós-estruturalistas, pós-feministas, pós-modernos e outras maneiras "pós-istas" de pensar, a fim de abrir a história a novas vozes e agendas, já observei que a história acadêmica continua ativa, embora mancando um pouco. Consequentemente, neste livro, tento levar em conta as mudanças que ocorreram ao longo da última década. Isso significa que, em primeiro lugar, tive que considerar o tipo de trabalho teórico crítico que se tornou mais comum, mesmo que isso possa ter afetado a linguagem e, possivelmente, a dificuldade ocasional deste texto. De certa forma, esse é um problema difícil de evitar, mas tentei tornar este trabalho o mais acessível e fácil possível aos estudantes. E, em segundo lugar, este livro é escrito com base na ideia de que os novos estudantes de história precisam estar cientes desses debates atuais e dos empolgantes novos rumos que eles podem anunciar. Assim como *A História repensada* naquele momento (obra que este livro em nada substitui, e sim tenta complementar, pois as questões que aborda de forma nenhuma deixaram de existir), o presente texto é escrito em um tom polêmico intencional, para ser deliberadamente provocativo. E, mais uma vez, assim como *A História repensada*, foi mantido intencionalmente curto, com um mínimo de aparato acadêmico, para que pudesse ser usado como base conveniente para disciplinas relacionadas às discussões teóricas contemporâneas.

Meu segundo argumento introdutório é que todos os textos são, obviamente, intertextuais, isto é, são dependentes, para que seus sentidos tenham sentido, de muitos outros textos, não importa o quanto se tente dizer coisas novas e, assim, "começar de novo". E quero reconhecer que este texto é muito influenciado por três autores e pelo ambiente teórico que eles criaram para que outras pessoas trabalhassem: o já mencionado teórico francês Jacques Derrida, o teórico da história norte-americano Hayden White e o seu colega holandês Frank Ankersmit. Eu me considero uma pessoa bastante crítica, mas acho que é difícil – ao mesmo tempo que estou ciente das várias críticas feitas a eles – não concordar com a maior parte do que dizem.

E concordo com eles não só porque os considero brilhantemente perceptivos e infinitamente sugestivos, mas porque eles têm seus respectivos corações como acho que todos os sentimentos deveriam ser – abertos. Claro que eu não esperaria – caso eles lessem este texto – que aceitassem a minha maneira de pensar sobre as coisas pelas quais eles foram parcialmente responsáveis, nem que concordassem com o argumento específico que, algumas vezes, foram citados para sustentar, nem mesmo que eu os tenha entendido. No entanto, eu os li, e acho que me beneficiei pessoalmente disso. Não tenho certeza de que esses benefícios sejam óbvios ou sejam comunicados aqui a outros, de forma adequada ou persuasiva, mas espero que, pelo menos em grande parte, seus méritos fiquem claros.

Tempo(s) de abertura

> A reconciliação de todas as formas antagônicas em nome do consenso ou do convívio é a pior coisa que podemos fazer. Não devemos fechar nada. Devemos manter aberta a alteridade das formas, a disparidade entre os termos; devemos manter aberto o irredutível.
> (Jean Baudrillard, *The Perfect Crime*)

Houve um tempo, um tempo cujas marcas ainda carregamos, em que se achava que havia algo *intrinsecamente* importante em várias historicizações do passado, que poderiam funcionar como base de conhecimento real e válido. Dito de forma muito básica, aquela antiga crença no valor intrínseco do passado era composta por dois elementos principais. Em primeiro lugar, considerava-se que se deveria estudar o passado ("o antes do agora") "por si" e fazê-lo "em seus próprios termos", como se a história fosse capaz de produzir suas próprias questões essenciais, e não apenas a ocasião para formular as nossas. E, em segundo lugar, em virtude dessa atitude, as histórias escritas por acadêmicos profissionais sobre esse passado foram concebidas como se estivessem, de alguma forma, à espera de ser *encontradas* no passado, respeitosamente descobertas e fielmente trazidas de volta a nós, interpretadas, é certo, mas, ainda assim, descobertas – como fragmentos de algum quebra-cabeça preexistente. A busca por esse passado historicizado, realizada *através* de um método de pesquisa que mistura empirismo e documentismo com a ética da objetividade, da neutralidade e da busca de verdade, agravou ainda mais o mito do valor intrínseco do conhecimento adquirido como resultado dos esforços exaustivos que profissionais e acadêmicos fizeram para obtê-lo. Argumentava-se que não apoiar esses dois lemas da história que se reforçam mutuamente – "em si" e "em seus próprios termos" – era, na melhor das hipóteses, ser vítima de todos os tipos de anacronismos, relativismos, ceticismos e pressões ideológicas contemporâneas ou, na pior, sucumbir à "conclusão lógica" aparentemente desastrosa de que qualquer um poderia dizer o que bem entendesse sobre o passado.

E isso não era boa prática acadêmica em termos de investigação meticulosa e altruísta, e sim puro viés ideológico e político ou autoengrandecimento.

Como venho de uma posição que reconhece que a maioria das coisas consideradas intrínsecas pelos historiadores (fatos, estruturas, períodos e sentidos históricos), na verdade, não passa de atribuições extrínsecas, acho que esses tipos assustadores de "conclusões lógicas" são daqueles que podemos aceitar com facilidade por razões que ilustrarei ao longo deste capítulo. Pois nada há de realmente essencial *no* passado para impedir o exercício da liberdade interpretativa interminável por parte dos historiadores; na verdade, os únicos valores a serem derivados das historicizações do passado vêm de *fora* do passado e de *fora* das práticas protegidas do historiador profissional – em outras palavras, são valores *extrínsecos*. E esse caráter extrínseco, que não conhece limites lógicos nem procedimentos adequados, é, portanto, um convite aberto à eterna incerteza. Aqui parecemos ter chegado ao fim das propriedades restritivas do gênero acadêmico profissional de história como viemos a conhecê-lo.

O fato de que "o passado" pode ser lido segundo as preferências de cada um e, obviamente, não define as apropriações intermináveis que dele são feitas (um passado, muitas histórias) deve ser celebrado e posto em prática. Ter um passado, mas inúmeros olhares e inflexões, é um valor positivo; pois todo mundo, no final das contas, é potencialmente autor de sua própria vida e criador de sua genealogia intelectual e moral – suas próprias subjetividades – sem um passado historicizado, autorizado ou autoritário ao qual deva se submeter ou mesmo que deva reconhecer – principalmente um passado historicizado que parece ser o *ghost writer* de si próprio, com mínima intervenção do acanhado historiador, o funcionário que serve ao passado, fiel à sua vocação. Isso porque está patentemente óbvio que são os historiadores que criam a história e que "o passado" de onde eles esculpem sentidos é totalmente promíscuo. O passado sempre foi e sempre irá com qualquer um, sem sombra de ciúme nem pitada de fidelidade permanente a uma determinada pessoa: hagiógrafos, antiquários, profissionais, marxistas, annalistas, estruturalistas, fascistas, feministas, neorrankeanos pragmáticos – qualquer um pode tê-lo.

E por que não? Ninguém detém uma patente sobre o "passado", que possa ser usada ou ignorada por todos. E por que isso? Porque o chamado passado (o antes do agora) não existe "dotado de sentido" antes dos esforços dos historiadores para lhe impor uma estrutura ou forma; o "antes do agora" é totalmente disforme e não conhece significação própria, seja em termos do seu conjunto, seja de suas partes, antes de ser "figurado" ou descoberto por nós. Consequentemente, nenhum historiador ou outra pessoa agindo como se o fosse retorna jamais de sua viagem ao "passado" sem ter precisamente a historicização que queria obter; ninguém jamais volta surpreso ou de mãos vazias do lugar para onde viajou.

Não há historiadores de mãos vazias porque não os há vazios de cabeça: o passado historicizado somos sempre nós – lá atrás. Isso não é tão óbvio para os estudantes de história como deveria ser; na verdade, a maioria dos historiadores profissionais, consciente ou semiconscientemente, nega suas práticas *sempre* centradas no presente, enquanto se esforça para alcançar o efeito do "narrador da história como um ninguém". Poucos desmascararam esse truque de mágica específico – que permite aos historiadores continuar dando a impressão de que produzem histórias "objetivas", naquilo que se aproxima de um estado de ausência de gravidade sociopolítica – melhor do que Michel de Certeau, que formula a questão da seguinte forma:

> Que tipo peculiar de ambiguidade continuada e permanente é esse que praticam os historiadores [...] pelo qual um passado "real" é considerado dado, outro passado "real" é representado em textos e um presente "real" é apagado de sua produção [...] A operação em questão é bastante *furtiva* [...] [pois] o "real", da forma como o representa a historiografia, não corresponde ao "real" que determina sua produção. [...] O discurso [portanto] dá credibilidade a si mesmo em nome da "realidade" que supostamente representa, mas essa aparência autorizada do "real" serve precisamente para camuflar a própria prática que, na verdade, a determina. A representação, assim, disfarça a práxis que a organiza.[1]

Se, como De Certeau argumenta aqui, toda a história é, em última análise, historiografia (a acumulação de escritos que compõem nossas representações e apresentações do passado) e é sempre autorreferente em termos da sua própria credibilidade, parece que a melhor maneira de não se perder de vista as figurações que transformam o "passado" em história, sempre centradas no presente (dado que afirmar, no presente, que não se deve ser centrado no presente é uma afirmação tão centrada no presente quanto a afirmação de que se deve), é alinhar-se à observação de Nietzsche de que o historiador, inevitavelmente, *sempre faz parte do quadro que pinta sobre o passado histórico.*

E não há necessidade de se preocupar com essa subjetividade radical nem com o colapso da velha distinção sujeito-objeto, tão central à filosofia e à cultura ocidentais. Isso porque, certamente, todos nós já estamos maduros o suficiente para reconhecer que o que se apresenta como "objetividade" somos sempre e apenas nós, "sujeitos", objetificando. Como observa convincentemente Alain Robbe-Grillet, isso não deve ser considerado como problema:

> Por que [...] isso deve ser motivo para pessimismo? É tão angustiante saber que o seu próprio ponto de vista é apenas o seu próprio ponto de vista ou que cada projeto (projeção) é uma invenção? Obviamente, de qualquer forma, só estou preocupado com o mundo segundo o que orienta o meu ponto de vista: nunca conhecerei outro. A subjetividade relativa do meu sentido da visão me serve justamente para definir a minha *situação no mundo.* Eu simplesmente tento não fazer dessa situação uma servidão.[2]

Portanto, não podemos escapar à inevitabilidade de nossa própria subjetividade – só podemos ver o mundo a partir de nossa própria perspectiva de "sujeito em formação". Mas, como sugere Elizabeth Ermarth (comentando sobre Robbe-Grillet), nada há com que se preocupar; é nesse tipo de desconforto pós-moderno que reconhecemos e tomamos consciência da nossa própria subjetividade radical, que nos impede "de fazer dessa situação uma servidão". Em outras palavras, envolver-se com a nossa própria subjetividade, definir nossa própria "situação no mundo", exige um questionamento e um monitoramento constantes de nossos próprios valores e suposições. Por sua vez, a produção desse sentimento de autodistanciamento crítico (às vezes, quase uma experiência "fora do corpo") incentiva intermináveis fantasias e repensares sobre quais podem ser nossas identidades pessoais e políticas. Com alguma segurança – a qual compartilho – Ermarth conclui que, hoje, já não precisamos de um mundo objetivo para garantir as relações entre uma consciência e outra ou uma identidade entre ilusões. Pois "existe apenas subjetividade [...] apenas ilusões", ela escreve, o que só pode constituir realidades momentâneas: "O momento pós-moderno vem negociar a transição de um momento [desse tipo] a outro".[3]

Nada disso significa que não existam "critérios" para julgamentos e/ou que devamos, portanto, aceitar que a "realidade" discursiva e as construções históricas de todas as outras pessoas estão *igualmente* corretas ou *igualmente* equivocadas. Esse é supostamente o argumento final, tão apreciado pelos historiadores modernistas quando eles apontam o fantasma de algum niilismo ético iminente e a barbárie resultante. Pois, embora não haja uma fundação objetiva *maior* para nossas posições históricas (ou nossas decisões morais), ainda tomamos decisões com base em preferências, segundo as ferramentas disponíveis em dada formação social, ainda fazemos descrições de mundos e ainda somos capazes de (em relação a essas descrições) sustentá-las com argumentos àqueles que podem decidir ouvi-las e iniciar uma conversa. E essa sempre foi a situação real. Nesse sentido, nada mudou. Com exceção de tudo, claro. Pois agora estamos plenamente conscientes de termos que viver com uma perspectiva intelectual na qual a verdade e a objetividade, bem como a neutralidade e o desinteresse, são simplesmente acordos produzidos em conversas que sempre se dão entre partes interessadas e dentro dos quais e em relação aos quais temos de tomar decisões que, em última análise, carecem de base maior. Um processo de pensamento pelo qual chegamos nitidamente à formulação de Jacques Derrida sobre "a indecidibilidade da decisão" (a ser discutida mais tarde); uma condição na qual inevitavelmente se deve tomar uma decisão (já que mesmo a recusa a tomar uma decisão ainda é uma decisão), mas tomá-la sem certeza e "sujeita" à revisão infinita. Essa é uma condição de *abertura lógica*, que também vem a ser – porque mantém as decisões sempre em jogo, desafiando o fechamento definitivo – "uma coisa boa".[4]

É dentro dessa condição de conversação/discurso que qualquer intervenção – um livro, um artigo, um filme, um romance – deixará sua marca perceptível ou nem tanto; fora do alcance da intenção autoral, aberta a leituras intermináveis e, ali, ao "pegar ou largar" relativo. E a intervenção deste livro não é diferente. Assim, para a pergunta sobre por que ainda se dar o trabalho de historicizar o passado hoje e qual a melhor forma de fazê-lo, a resposta que registro neste momento é que espero que certa maneira de pensar possa ajudar a permitir o tipo de emancipação política radical proposta por Ernesto Laclau e por outros para se entrar no mundo, uma política de emancipação que Derrida também decidiu – como cidadão, se não como filósofo – nunca abandonar.[5]

Principalmente agora, pois ele escreve que nunca antes, na face da Terra:

> [...] a violência, a desigualdade, a exclusão, a fome e a opressão econômica afetaram tantos seres humanos na história do mundo e da humanidade. Nunca nos esqueçamos desse fato óbvio e macroscópico, composto de inúmeras visões singulares de sofrimento: não há grau de progresso que permita ignorar o fato de que nunca antes, em números absolutos, tantos homens, mulheres e crianças foram vítimas de jugo, fome ou extermínio sobre a Terra.[6]

Assim, minha razão para ainda me preocupar com a história gira em torno de um cálculo sobre até onde o passado historicizado deve escapar a todo e qualquer fechamento, aos fechamentos da objetividade e da verdade presumida, em nome da liberdade pessoal e social e da justiça futura. E, ainda assim, aqui, talvez em sua expressão mais mundana (ou banal), uma pergunta surge das preocupações do historiador profissional que predomina hoje em dia, que é onipresente e, portanto, já pode ter ocorrido a você. Gostaria de tratar dela agora, para poder tirá-la do caminho antes de começar a discutir o meu argumento em profundidade.

A pergunta é a seguinte: se é o caso (realmente, bastante óbvio) de jamais poder haver uma "verdadeira interpretação do passado como história", se está muito claro que nunca se poderá chegar a uma descrição total e suficiente sobre o que quer que seja, se a eterna impossibilidade de se obter uma sinopse definitiva é hoje *aceita* a contragosto por quase todos os historiadores que pensam sobre o tema como sendo de senso comum, então, por que diabos as pessoas (por exemplo, os pós-modernistas) sentem necessidade de continuar falando sobre isso? Os historiadores não são burros. Será que eles certamente sabem de tudo isso? Não é verdade que todos eles têm pelo menos uma mente liberal, feliz com inúmeras interpretações/diferenças interpretativas? Não é verdade que muitas posições associadas ao pós-modernismo, se não todas – as várias crises de legitimação, o absurdo das grandes narrativas, o reconhecimento de leituras ambivalentes e múltiplas, a sobreposição de jogos linguísticos a regras e jogadores que vão mudando etc. –, certamente tudo isso e muito mais, agora fazem parte da trama da vida intelectual cotidiana? Assim como faz parte o reconhecimento (ou, pelo menos, a consideração) muito mais relutante de que o relativismo, o perspectivismo e a indecidibilidade ética/moral "vão até o fim". Nesse sentido, não somos todos pós-modernistas atualmente?

Acho que a resposta a essa pergunta é: bom, não; na verdade, não somos. Não acho que os historiadores tenham desistido da objetividade e da verdade, do desejo de fazer da história um discurso ao qual enunciados de verdade sejam aplicáveis de várias maneiras: uma epistemologia. Essas intenções podem muito bem estar relativizadas hoje em dia, mas não foram abandonadas. Tampouco acho que os historiadores tenham se tornado relativistas felizes. Deveriam ter feito isso, mas não fizeram. A maioria dos historiadores profissionais permanece teimosamente "moderna", ou seja, permanece com a intenção de produzir descrições fundamentadas, empiricamente detalhadas e bem pesquisadas em nome da precisão e da prática acadêmica equilibrada e meticulosa. E acho que há pelo menos três boas razões para dizer que essa ainda é a situação geral.

Em primeiro lugar, embora possamos ser todos pluralistas hoje em dia, isso não quer dizer que sejamos todos pós-modernos. Pós-modernismo e pluralismo não são a mesma coisa, e o primeiro não é redutível ao segundo. Esse tipo de reducionismo tenta se soltar dos "extremos" do pós-modernismo de modo a torná-lo confortavelmente familiar; mas deixa escapar a questão central, pois o pós-modernismo *é* os seus extremos, *é* tudo aquilo com que a modernidade não pode ser compatível. O que o pós-modernismo faz à história – como Lyotard assinalou – é reduzir a importância da *forma*, bem como do *conteúdo*, do discurso.⁷ Então, o que esse enunciado significa?

Bom, problematizar o *conteúdo* historicizado do passado e vários aspectos dele – por exemplo, oferecer múltiplas leituras sobre a Revolução Francesa – é algo muito comum hoje em dia. Isso é óbvio. No entanto, ninguém poderia ser mais mal informado do que historiadores profissionais que pensam que são "pós-modernos" só porque aceitam perspectivas em múltiplos níveis, nada poderia ser mais incompreensível do que pensar que a multi-interpretação "resume o pós-modernismo" e que, isto aceito, é uma questão de seguir em frente como sempre. Pois não é. Não, o que os pós-modernos problematizam não é o *conteúdo* da história, e sim o *status* de sua *forma*. Não importa quão bem formulada a *forma* da história possa estar – seu método, seu formato e sua estrutura – nunca podemos mostrar um exemplo definitivo. Assim, embora muitos historiadores profissionais ainda mantenham o pensamento reconfortante (reconfortante porque estabelece limites/fronteiras em relação ao que se pode considerar "história adequada") de que se pode pelo menos conviver com múltiplas leituras sobre o *conteúdo* do seu discurso porque elas permanecem dentro da *forma* de uma história conhecida ("pelo menos eles são todos históricos", "pelo menos, todos respeitam as evidências"), a problematização da forma da história suspende essa certeza.

Consequentemente, hoje em dia não é possível dizer o que a história realmente é (de modo que a famosa indagação postulada por E. H. Carr – o que é história? – não pode jamais ser respondida definitivamente) nem, por extensão, quais são os procedimentos metodológicos adequados da história. Isso é preocupante para a maioria dos historiadores profissionais, é claro; pois, se nada mais é "adequado", então, logicamente, vale tudo. Poucos historiadores profissionais, por mais liberais e abertos à "interpretação" que sejam, podem aceitar essa interpretação – a indecidibilidade interminável da história em si.

Em segundo lugar, *considerando-se* que nossa formação social se caracteriza pela tolerância pluralista liberal moderna, esse *considerando-se* qualificador registra "o fato" de que essa é muito mais uma formação social de fechamentos arbitrários e sempre, de alguma forma, prejudiciais. Todas as formações sociais, para serem "sociais", têm que excluir; simplesmente a nossa tende a pensar em si como uma exceção à regra, que se orgulha de seu pluralismo liberal, que é includente e, portanto, tolera. Mas isso é, em parte, uma ilusão, e um "retorno" a fechamentos ainda mais repressivos – de intolerância radical – é um perigo constante. Na verdade, podemos dizer que a nossa formação social está *atualmente* em *recuperação*. Assim como, por exemplo, alguém que já foi alcoólatra é sempre um "alcoólatra em recuperação" – com todos os perigos de uma recaída na condição anterior do vício –, a nossa formação social é "sexista em recuperação", "racista em recuperação", "homofóbica em recuperação", "xenófoba em recuperação": a recaída sempre é possível. E, na verdade, até mesmo esta leitura é muito generosa para com aqueles que permanecem no extremo receptor não só das manifestações de injustiças anteriores, mas também daquelas contínuas – e múltiplas, de recuperações que ainda são apenas parciais. Além disso, e ampliando de novo, a invocação que Derrida faz da enormidade absoluta da subjugação e da dor globais em seu *Spectres of Marx* não se trata de um outro "globo" nem de outro tempo, mas deste mundo e deste tempo. *Os historiadores deveriam ter algo a dizer sobre isso*, mas, com demasiada frequência, seus supostos valores de objetividade, neutralidade, distanciamento, prática "acadêmica" não mundana e erudição especializada sobre algum aspecto não do agora, mas do passado, tornam-se álibis para o silêncio. Dessa forma, Sande Cohen pode argumentar com muita justeza que a história acadêmica "adequada" pode ser mais bem entendida como uma parte "reativa" da cultura burguesa.

Para Cohen, os historiadores tendem a situar o que está acontecendo na concretude presente não narrativa (a subjugação e o sofrimento não são narrativas) em uma forma narrativa contextualizante, mais longa, como se, para entender o que está acontecendo agora, você tivesse que analisar não o presente, mas aquilo que o precedeu. Mas essa é realmente uma forma estranha de deslocamento que promete explicar o agora ao *jamais* examiná-lo. A justificativa frequente para o estudo da história – a de que ela nos ajuda a compreender o modo como o mundo é agora –, na verdade, é uma das mais ocas. E quanto a mudar o mundo... [8]

Em terceiro lugar – e este argumento é uma preocupação não apenas de Derrida, mas também de muitos outros, incluindo Jean Baudrillard, J. F. Lyotard, Michel Foucault e Ernesto Laclau, em que vou me aprofundar adiante –, qualquer formação social (e, em particular, nossa formação social profundamente capitalista, técnica, cibernética) inevitavelmente tenta se reproduzir na condição mais estável possível, de modo que todos os excessos, potencialmente desestabilizadores e, portanto, perigosos, sejam absorvidos ou rigorosamente excluídos. Esse é o processo de reprodução social hegemônica e a tentativa de fechamento que Baudrillard descreveu como "o crime perfeito", o qual, uma vez alcançado, seria tão perfeito que ninguém jamais saberia que estava ocorrendo, visto que silenciosamente transforma fenômenos indesejáveis, como diferença, alteridade e excesso – tudo o que não pode ser digerido pelas atuais formações sociais e políticas –, no antigo e no familiar, sem sobras, sem quaisquer "pontas soltas".[9] Nessa formação social – contra a qual Baudrillard argumenta em toda a sua obra –, eventos futuros não teriam lugar, não no sentido de que as coisas não aconteceriam, mas no sentido de que não iriam perturbar; todos os choques futuros seriam absorvidos e a ameaça de sua alteridade possivelmente radical, neutralizada. Aqui, o futuro seria pré-programado para se transformar no *status quo*, para garantir uma continuidade desejada e, assim, "permitir" um fluxo controlável desde o passado, através do presente, até o futuro. Tudo isso significa – *e é o que quero argumentar* – que, para que o passado se conecte com o presente em andamento e seu futuro expectante e lhes dê sustentação, não se poderia e não se pode – simplesmente não se pode – permitir que o passado seja lido de "qualquer jeito de que se goste" por qualquer pessoa. Por extremistas, por não historiadores. Pois o passado, para que ajude a garantir a reprodução do *status quo* dentro de limites aceitáveis (dentro daquelas famosas "tolerâncias liberais"), não pode ser totalmente aberto de modo a permitir inúmeras heranças, genealogias anormais, figurações e refigurações idiossincráticas intermináveis e "lições" que se ajustem a toda e qualquer ocasião – isso é muito arriscado.

Não, o que é necessário são histórias acadêmicas (historiadores) adequadas, responsáveis, que operem dentro de limites aceitáveis e armadas com toda a parafernália habitual de proteção: padrões acadêmicos, controles de publicação, avaliação por pares, padrões de referência, métodos responsáveis e eficientes e, como pano de fundo, o poder latente e ostracizante. O fato de que a maioria dos historiadores acadêmicos não vê as coisas dessa maneira se deve precisamente aos mecanismos silenciosos e ocultos do poder ideológico em nossas atuais formações sociais, que nos permitem simultaneamente operar dentro desses limites, enquanto os esconde de nós; a cumplicidade é tão maravilhosamente inocente... ideologicamente falando.

E assim, em nome de um futuro que, espera-se, não será uma reprodução das mesmas coisas, que sairá do controle, em nome de um futuro aberto a funcionamentos estranhos, maravilhosos, desrespeitosos e desobedientes, espero que o cordão umbilical que alimenta passado, presente e futuro por via intravenosa, com o poder provedor do *status quo*, possa ser cortado a fim de permitir novos nascimentos. A melhor razão na qual consigo finalmente pensar para dizer que ainda podemos precisar de histórias abertas e generosas, que sejam altamente reflexivas e explicitamente emancipatórias, é que elas podem simplesmente ajudar a arrombar as tentativas de fechamento do pensamento histórico moderno, em benefício daqueles que ainda não conseguiram sair dele.

Elogio do excesso – usando Derrida

> Chego agora ao nosso último tema, a decisão, sem a qual, na verdade, não haveria responsabilidade, nem ética, nem direitos, nem política [...] A decisão, como o próprio nome indica, deve interromper, cortar, rasgar uma continuidade no tecido como curso normal da história. Para ser livre e responsável, ela deve fazer [...] mais do que implantar ou revelar uma verdade já potencialmente presente [...] Eu não posso decidir, exceto quando essa decisão faz algo além ou diferente de manifestar minhas possibilidades, meu poder, minha "capacidade de ser". Por mais paradoxal que possa parecer, é, portanto, necessário que eu receba do outro [...] a própria decisão cuja responsabilidade eu assumo. O que eu decido pelo outro, ele também decide por mim, e essa substituição singular [...] parece, ao mesmo tempo, impossível e necessária. Essa é a única condição para a possibilidade de uma decisão digna do nome, se é que alguma vez isso existiu: uma decisão estranhamente passiva que não me exonera minimamente de responsabilidade. Muito pelo contrário.
> (Jacques Derrida, "Deconstructions: the Im-possible")

Começo agora a aprofundar as observações anteriores no primeiro dos dois níveis que discuti na "Introdução": ilustrar como a abertura histórica é logicamente assegurada, que o fechamento não pode ser alcançado e que se espera que essa abertura possa ser desenvolvida em nome de uma democracia radical emancipatória por meio de refigurações do passado. E quero fazê-lo apoiando-me fortemente em Jacques Derrida, um Derrida geralmente ignorado por historiadores e muitos filósofos da história – uma situação que eu espero ajudar a corrigir enquanto levo a cabo meu próprio projeto.

Jacques Derrida faz parte desse jeito extremamente poderoso de pensar que surgiu na França na década de 1960 e que se opôs à ideia de que "presença integral" ou conhecimento total poderiam ser acessados e totalmente conhecidos por intermédio da linguagem.[10] O que Derrida e muitos de seus colegas pensadores franceses estavam fazendo era mostrar, entre outras coisas, a impossibilidade de reduzir ao finito ou ao cognoscível as infinitas possibilidades do pensar sobre o que a história pode ser. Assim, o que estava sendo comemorado aqui era a impossibilidade (lógica) de fechar o pensamento radical ao restringi-lo dentro de *figuras* conhecidas. Na verdade, Derrida estava preocupado com a impossibilidade lógica do fechamento definitivo de *qualquer coisa*, de modo que a futura novidade ou, como ele a chama, o "devir", "a promessa", "o talvez", "o *arriver*", a "diferença radical" ou "alteridade", seria bem-vinda, tanto como "risco quanto como oportunidade" – como uma possibilidade empolgante ou uma aventura.

Assim, de que forma Derrida – que quero usar aqui como o que se pode chamar de o melhor exemplo dessa vertente específica do pensamento francês – garante essa abertura? Responderei a isso avançando em direção à história a partir dos pontos de vista dele sobre a linguagem. Pode parecer um ponto de partida improvável, se o desejo é subverter a história; mas não é. Isso porque, se a linguagem é interminavelmente instável – se não pode ser definitivamente fixada e, portanto, "fechada" –, todos os discursos, incluindo a história, construídos, como são, sobre e com a linguagem, devem ser instáveis e, portanto, também, perpetuamente abertos. A linguagem, na verdade, é o ponto óbvio para começar, depois do qual examinarei, por sua vez, Derrida e "decisões", Derrida e "leitura", e em seguida, diretamente, a implicação de todas essas coisas para a história.

Talvez devesse apontar, dada a ideia generalizada de que Derrida é um escritor extremamente difícil, que um pouco do que segue nas próximas páginas pode demandar concentração extra. Mas esse esforço, penso eu, vale bastante a pena. Um dos problemas dos historiadores é que eles não têm paciência para trabalhar na compreensão dos teóricos e da teoria (neste caso, Derrida e sua ideia de desconstrução); eles não têm o desejo de enxergar a relevância dos tipos de coisas de que Derrida está falando sobre as práticas deles próprios. Mas isso significa deixar essas práticas desprovidas da influência de algumas das ideias mais empolgantes e perspicazes atualmente em circulação. Em certo sentido, é claro, essa negligência é compreensível, na medida em que os historiadores podem "intuir" que as ideias dele fatalmente comprometem muitos dos pressupostos com que trabalham. Mas não sendo eu um desses historiadores, é sobre essas ideias que quero ajudar a "conscientizar" aqui.

Da linguagem

Começo por dizer que, se uma palavra tivesse sentido "por si só", ela seria o que se chama de significante transcendental, isto é, uma palavra cujo sentido é autoevidente (de modo que, assim que a ouvisse ou visse, você saberia definitivamente o que ela quer dizer) e permaneceria o mesmo para todas as pessoas no espaço e no tempo. Mas, obviamente, não temos acesso a um significante desse tipo. É claro que os historiadores não ficarão surpresos com isso; é óbvio, dirão, que as palavras mudam de sentido em relação ao seu contexto histórico. E eles têm razão, mas esse tipo de opinião, expressa nesse âmbito, é geral demais para captar o que Derrida está dizendo no âmbito da linguagem (de linguística) e, por isso, é por esse âmbito – no qual sentidos aparentemente estáveis são subvertidos "logicamente" – que devemos começar.[11]

Como nenhum significante, nenhuma palavra, tem sentido por si só, como nenhum sentido do significante é imediatamente óbvio fora de todos os contextos, os significantes necessariamente adquirem seus significados específicos *em relação a outros significantes*. Consequentemente, um significante sempre precisa do que Derrida chama de suplemento por parte de outro significante ou conjunto de significantes para se tornar um conceito – o que ele chama de significado. Como exemplo, vejamos a palavra Deus.

A fim de explicar o que se entende por esse significante/palavra específico, teríamos que lhe acrescentar (completá-lo com) vários termos adicionais qualificadores, como Pai, redentor, onipotente, Salvador e assim por diante, e o problema seria que não há um número finito ou lógico desses termos (ou adjetivos ou predicados) que possa ser usado de modo a fazer com que todos eles correspondam, sejam idênticos, à palavra Deus "de uma vez por todas". Sempre se pode obter outro termo, outro adjetivo, outro predicado para qualificar o objeto da nossa atenção – Deus. E nesse caso, se nunca podemos fechar todas as possíveis descrições de Deus, o sentido da palavra continuamente nos escapa e, assim, torna-se logicamente aberto para sempre.

E Derrida quer dizer que todas as palavras são mais ou menos como a palavra Deus. Para o autor, os sentidos não são, portanto, constituídos por signos/palavras autossuficientes, e sim através do fenômeno que ele descreve como *différance*. Segundo essa noção, um significante como "Deus" só pode, como vimos, adquirir seu sentido – jamais totalmente concluído – *em relação a* outros significantes (Pai, salvador e assim por diante); sempre precisa do suplemento de outro conjunto de significantes para se tornar um conceito dotado de sentido. Mas como a relação entre os dois significantes nunca é automaticamente deduzida, fixa nem uniformemente padronizada, o sentido potencial que ocorre quando significantes são conectados é sempre contingente, arbitrário e logicamente instável. Pois não há garantia lógica de que, na próxima vez, os predicados suplementares ou qualificadores sejam os mesmos da vez anterior; portanto, os sentidos futuros são sempre logicamente abertos. Além disso, dado que as palavras e seus sentidos raramente vêm isolados, e sim costumam ser incorporados em cadeias de significação (em sentenças, parágrafos, páginas e textos), não é possível se basear nos sentidos das palavras dentro desses vários contextos para mantê-los de maneira estável. Aqui, Derrida pretende argumentar que os segundos significantes diferem espacial e temporalmente dos primeiros, que estão dispostos espacialmente, de modo que esses termos qualificadores sempre chegam tarde – ou seja, precisamos de tempo para lê-los. Essa estrutura espaçotemporal é universal e está em toda parte; mesmo que alguns termos se repitam, eles são sempre ligeiramente diferentes conforme as palavras que os cercam – quando você chega às mesmas palavras em um novo contexto, depois de encontrá-las em um contexto anterior, o sentido não é exatamente o mesmo. Com a *différance*, portanto, não há nenhuma maneira de dar ao mundo um sentido do qual se possa estar absolutamente seguro para sempre. Assim como a história, a linguagem – repetindo – nunca se repete.

Isso não quer dizer que, apesar de suas diferenças intermináveis, as palavras e os discursos não sejam *relativamente estáveis* na prática. E, de fato, é essa natureza aparentemente fixa do sentido que muitas vezes faz com que as pessoas pensem equivocadamente que há algo essencial *na* linguagem... de modo que, por exemplo, alguns historiadores supõem a existência de algo intrínseco no nome da história que a isentaria de receber sentidos e conotações infinitamente novos, ao invés de ver que "história", como todos os conceitos, é um "significante vazio" (questão que explicarei detalhadamente no capítulo "Ordem(ns) do dia"). Então, o sentido de qualquer espécie/tipo nunca pode ser permanentemente estabilizado, pelas razões que acabei de explicar. E o que a abordagem desconstrutiva faz, então, é estender esse "princípio" da linguística ao âmbito social, dando-lhe aceitação e urgência políticas específicas. Os desconstrucionistas tentam mostrar como as nossas diversas instituições sociais, convenções, nossos códigos de direito e sistemas políticos são, todos, tentativas de estabilizar formações sociais e culturais "instáveis e caóticas". De acordo com Derrida, o que um

> [...] ponto de vista desconstrutivo tenta mostrar é que [...] convenções, instituições e consensos são estabilizações [...] são estabilizações de algo essencialmente instável e caótico. Assim, torna-se necessário estabilizar precisamente porque a estabilidade não é natural; é porque há instabilidade que a estabilização se torna necessária. Agora, esse caos e essa instabilidade [...] [são] ao [...] mesmo tempo [...] uma chance, uma chance de mudar, de desestabilizar. Se houvesse estabilidade contínua, não haveria necessidade de política, e é porque a estabilidade não é natural, essencial nem substancial que a política existe e a ética é possível. O caos é, ao mesmo tempo, um risco e uma oportunidade, e é aqui que o possível e o impossível se cruzam.[12]

Assim, como observa Derrida, o caos e a instabilidade "naturais" de nossas condições/circunstâncias sociais não são nem um pouco ruins, pois contêm em si a possibilidade de coisas novas que estão por vir, uma chance de mudar as coisas, de desestabilizar os sistemas estabilizadores que ajudam a legitimar a miséria e a dor/o sofrimento atuais. Portanto, Derrida liga a provisoriedade e a abertura da linguagem diretamente ao futuro da democracia radical[13] – uma abertura permanente da política ao *tempo*, que questiona qualquer necessidade de olhar para trás, para o que aconteceu antes: *realmente podemos começar de novo.*

Assim, é nesse ponto que o passado – o passado historicizado – entra no pensamento de Derrida como algo do qual não podemos escapar completamente, mas sobre o qual se devem tomar decisões à luz do presente e do futuro, não pela história em si (como se realmente houvesse uma história em si, com intenção própria, que temos que respeitar), mas por nós. Só podemos decidir – da melhor maneira possível – se e quando o passado é importante.

Sobre decisões

É neste ponto que chegamos à ideia de Derrida sobre a decisão, sua ideia do que ele chama de "a indecidibilidade da decisão". Mais uma vez, e para reiterar, essa é uma parte crucial dos argumentos de Derrida na medida em que ele pretende desestabilizar sentidos (para que, como acabamos de ver, novos sentidos possam entrar no mundo, sobretudo por razões políticas) e nos fazer pensar, sempre, sobre a necessidade de imaginar de novas maneiras, em vez de apenas repensar o antigo. A escrita de Derrida sobre seu sentido de "decisão" é, mais uma vez, complexa. Mas, simplificando enormemente, acho que consigo chegar ao que ele tem em mente se abordar sua ideia por intermédio de sua discussão sobre justiça.

Provavelmente, a maneira mais fácil de entender a noção de justiça de Derrida é começar com a máxima de que "nada se repete exatamente" – e, para os nossos propósitos, principalmente a história. Todas as situações de tomada de decisão são inevitavelmente novas e distintas, e qualquer tentativa de garantir que a justiça seja feita não será ajudada apenas reaplicando decisões ou leis anteriores, não importa o quão semelhantes sejam as circunstâncias. Porque, se nos remetemos a, digamos, uma decisão (ou sistema ético ou código de leis) formulada anteriormente e apenas a aplicamos a uma situação diferente, ou seja, se a decisão tomada for apenas a reaplicação de uma regra ou fórmula *anterior*, nenhuma decisão foi tomada, trata-se apenas de um ato administrativo, o que, por sua vez, significa que não se pode fazer justiça em relação à nova situação em toda a sua singularidade radical, sua particularidade. Todas as decisões, portanto, carecem de bases garantidas; em última análise, são arbitrárias – indecidíveis –, isso é o que Derrida chama de "*aporia*", o momento de indecidibilidade pelo qual se deve passar quando se toma uma decisão "concreta". Ironicamente, e contra aqueles que diriam que o que deveríamos fazer é exatamente aprender as lições extraídas da "história" e viver dentro de sistemas éticos já constituídos, Derrida argumenta que, para se tomar uma decisão – e tomá-la pela primeira vez de tal forma que a justiça seja feita tanto em relação ao processo de tomada de decisões (que deve sempre ser conscientemente indecidível para que cada decisão seja uma espécie de experimento ou invenção) *quanto* ao destinatário da decisão (que nunca deve ser pré-julgado, mesmo que esses pré-julgamentos estejam consagrados nos códigos jurídicos mais reverenciados) –, no momento da *aporia*, da decisão, *nunca* se deve olhar o passado.

Porque, se você transforma o novo e o diferente no antigo e no mesmo, todas as possibilidades de novidade são negadas – diz-se "não" a elas. E Derrida tenta sempre dizer sim – "Sim, venham", pois dizer não à novidade é efetuar um fechamento, e isso é precisamente injustiça.

Claro que Derrida pensa que, na verdade, ninguém jamais tomou uma decisão totalmente justa. Mas isso é a *aporia*, mais uma vez. Podemos querer tomar uma decisão pura, mas nunca conseguimos; estamos "sempre já em um texto", sempre já situados e limitados por nosso passado e pelo que, intencionalmente ou não, herdamos dele. E, no entanto, embora estritamente impossível, em nome de uma noção de justiça que resiste à compreensão total, deve-se tentar ser o mais livre que as circunstâncias permitirem em relação à própria herança, para que se imponha a decisão menos violenta ao outro que está no extremo receptor.

Além disso, é o "outro" (essa é a essência do longo trecho de Derrida que abre a seção "Elogio do excesso – usando Derrida") – o qual é afetado em toda a sua singularidade pela decisão – que julgará se a justiça foi feita a ele e a suas circunstâncias únicas. A decisão ética de Derrida, portanto, nunca é a simples expressão do individualismo liberal ("livre escolhismo"); pois, se fosse, seria apenas a incorporação do outro ao sistema de valor de quem decide independentemente do sistema do outro, a redução desse "outro" a "eu", a redução do interesse da justiça aos "meus" interesses. Não. Para Derrida, é o outro quem vai decidir se o que lhe é feito é justo ou não, vai me dizer (como "o outro em mim") se sou justo, se sou ético/moral. E é claro que o julgamento por parte do outro em mim – sua decisão – também não pode jamais ser perfeito, simplesmente porque esse outro pode escapar totalmente à sua herança mais do que eu posso à minha. No entanto, a própria ideia dessa justiça impossível é a condição da possibilidade de nossos esforços para sequer pensar "justamente" em justiça.

E é essa *aporia* – o fato de que devemos tentar pensar em singularidades para que se faça justiça e, ainda assim, nunca podemos fazê-la – que *logicamente* garante que todas as decisões sejam sempre, mais ou menos, um ato de necessária arbitrariedade (ou "violência", como o descreve Derrida). E assim chegamos a outra dessas *aporias* paradoxais: não há justiça/ética sem arbitrariedade ou violência e, no que diz respeito a essa violência, não há como saber, com certeza, qual é a sua extensão. E Derrida gosta de tudo isso, gosta do fato de que estaremos sempre um pouco no escuro, de que, no cerne das coisas existe um segredo, que sempre entenderemos mal as coisas. Nesse caso, a falha não é evitada nem negada, e sim valorizada. Para Derrida, a estrutura da *aporia*, portanto, garante a dúvida radical para sempre e, assim, a impossibilidade de qualquer resposta total e, espera-se, de certezas totais (totalitárias); aqui, a liberdade reside em falhar.

Da leitura

É essa ideia de dúvida radical, essa ideia de liberdade por meio da falha criativa, essa ideia de que podemos decidir qual a forma de ler as coisas, que subjaz à ideia de Derrida sobre o que deve ser a "leitura". E, mais uma vez, isso é importante. Porque, se o passado tem que ser "lido" para ser entendido (e é o caso), se é o próprio ato de leitura que torna o passado histórico, que constitui "o passado como história", é possível dizer que se pode e se deve ler o passado como um texto ou, mais precisamente, como se fosse um texto. Pois é só textualmente que o passado pode ser apropriado e pode se tornar o sujeito de nossa imaginação.

Isso não quer dizer (como afirmam muitos críticos das abordagens pós-modernas) que o passado seja literalmente um texto (um livro, um artigo, um documento e assim por diante). Ninguém (muito menos Derrida) está dizendo, por exemplo, que a Revolução Russa foi apenas um texto e não um evento, uma concretude. Em vez disso, o que está sendo dito é que apenas textualmente – como um escrito ou outra forma de representação – um evento como esse pode se tornar o sujeito da nossa atenção e da nossa imaginação. E quero sugerir que isso requer que leiamos o passado historicizado como lemos tudo o mais, de forma criativa e imaginativa, é claro, mas também – quer saibamos disso ou não – de modo infiel, desobediente, nas entrelinhas. Então, o que significa ler o passado de forma imaginativa? Se, como argumenta o estudioso derridiano Geoffrey Bennington, nenhum texto pode forçar uma leitura obrigatória ou necessária de si – na verdade, sempre vai apontar para além de si, para outra leitura ainda por vir – isso quer dizer que podemos ler um texto de qualquer jeito? A resposta é não.

Isso porque nenhum texto está aberto a qualquer leitura que seja, nenhum texto é absolutamente indeterminado se os comentários que se vão fazer serão feitos sobre *esse* texto. Com efeito, para Derrida, os textos devem ser lidos sempre duas vezes; uma primeira leitura (um comentário ou explicação, por exemplo) que tenta ser o mais fiel possível a ele, seguida de uma segunda leitura, na qual o texto está sujeito a uma série de interrupções que abrem os vários pontos de indecisão, momentos de tomada de decisões ou *aporias*. Dessa forma, o texto se desconstrói por meio das tensões das suas próprias descontinuidades, suas próprias incoerências internas; uma desconstrução que o prepara para uma leitura alternativa que ele nunca pretendeu permitir. Os textos não querem implodir em virtude de suas próprias *aporias* – mas não podem impedir que isso aconteça. Por conseguinte, é precisamente essa inesperada liberdade de ler textos de outras formas que, na verdade – e aqui está a questão fundamental –, constitui uma leitura deles, em vez de uma decifração ou um comentário passivos. Na verdade, diz Bennington, não poderia haver uma "leitura" sem essa abertura, de modo que qualquer leitura, por mais respeitosa que seja com o texto que está sendo lido, acontece e só pode acontecer como invenção ou ato de desobediência nesse espaço. É por isso que os "textos" *não* são mensagens, e as teorias clássicas da comunicação, tão adoradas pela maioria dos historiadores profissionais – que enfatizam a necessidade de que os textos sejam claros, totalmente comunicativos, de senso comum e inequívocos –, não captam a questão central. Pois é apenas quando a comunicação se rompe – quando você "simplesmente não entende" – que ocorrem os únicos atos de comunicação dotados de sentido. É somente quando – para entendê-los – você tem que reescrevê-los para si mesmo, compreendê-los por conta própria, que há a possibilidade de ocorrer comunicação "real" ("entendimento" real). Consequentemente, para

Derrida (e Bennington), a ética – e, portanto, a política – da leitura "histórica" consiste na negociação dos espaços abertos entre a primeira leitura *fiel* e a segunda leitura *infiel*, de modo que um grau de infidelidade a determinado texto – incluindo *o passado historicizado como texto* – é o fator constituinte na leitura. A ética da leitura sugere que você tem que tentar entender o texto "erradamente", de modo a abri-lo para além de suas próprias tentativas de fechamento, para torná-lo seu. É aqui que as coisas são invertidas em relação a uma leitura acadêmica normal e às intenções do texto.

Isso porque uma leitura acadêmica tende a fechar as inconsistências internas e as aberturas que permitem uma leitura desrespeitosa, em nome da "fidelidade ao registro", por um "respeito às vozes do passado" e na tentativa de compreendê-las "em seus próprios termos", de modo a entendê-las *corretamente*. Uma leitura desconstrucionista não é tão cúmplice.

Da história

É neste momento que chegamos diretamente à história em dois sentidos. O primeiro sentido, a primeira maneira pela qual o dito acima influencia a história, é ver como sempre há uma série de decisões a serem tomadas em relação ao que se considera história e, o segundo, que essas ideias, sendo indecidíveis, deixam em aberto os sentidos de futuras histórias. E, para enfatizar ao máximo esse argumento, quero dizer que há sempre uma tensão inevitável entre o que pode ser chamado de idealidade da História (escrita com H maiúsculo, como se houvesse realmente uma verdadeira História que transcendesse todas as localizações empíricas) e seu fundamento que, na verdade, é sempre empírico. O que tudo isso significa e como funciona? Bem, começo dizendo que aqui há o que se pode chamar de dois princípios orientadores em operação. O primeiro é que, para dar sentido ao mundo por meio de uma prática discursiva como a história, há sempre uma tensão inevitável entre todo conceito ideal (que Derrida chama de gesto transcendental) e sua inscrição empírica ou material. Ou seja – para começar a explicar isso – embora, em todos os casos, o conceito ideal de História seja a motivação para seu desenvolvimento ou sua formulação empírica, o mundo empírico é sempre incapaz de perceber todo o potencial do ideal. Assim, a História nunca pode estar totalmente presente ou ser totalmente conhecida, e sua prática discursiva sempre fica aquém do "ideal" desejado. Paradoxalmente, então, a ideia de história em seu sentido mais pleno é irredutível a qualquer quantidade de inscrição empírica, mas essa é sua única expressão possível, a única maneira que temos de captar a experiência de pensar sobre ela.

Isso leva à segunda questão de Derrida, de que a inter-relação entre o ideal e o empírico é caracterizada por uma tensão irremovível entre eles, a qual Derrida, mais uma vez, chama de *aporética*, de forma que a criação de significado carrega dentro de si a semente de sua própria desconstrução. Na verdade, é esse abismo intransponível, essa permanente falta de identidade total entre a idealidade e o empírico, que é tão crucial para Derrida.

Explicarei isso melhor com um exemplo; mas, antes, devemos observar que Derrida tem a seguinte fórmula para expressar essa tensão: que a condição de possibilidade para pensar (fazer um gesto) em relação à História (e à Política, à Ética e assim por diante) é simultaneamente a condição da impossibilidade de essas ideias jamais conseguirem encontrar realização plena. Assim, por exemplo, um historiador como E. H. Carr, em seu livro *What is History?* [*O que é História?*], pensou que poderia realmente responder à pergunta sobre o que é história apresentando muitas ilustrações concretas que, quando colocadas juntas, significavam que se teria uma ideia definida de uma história baseada em um número suficiente de exemplos materiais. Assim, Carr pensou, por exemplo, que a história era um diálogo entre o passado e o presente, e que, com um exame cuidadoso do passado, os historiadores poderiam demonstrar o progresso humano e, talvez, até mesmo, projetá-lo no futuro. Mas o problema aqui é que sempre pode aparecer alguém (e apareceu) para dar ao termo-sujeito "história" muitas características ou predicados *diferentes* e afirmar que eles definem o sujeito "história". Assim, como nunca poderemos fazer com que os predicados ou características de qualquer coisa (neste caso, a "história") equivalham ao ideal de "história" de uma vez por todas e definitivamente, jamais poderemos saber o que realmente é história.

Embora precisemos da ideia (idealidade) de história para ao menos começar a pensar sobre história, as manifestações empíricas que temos para refletir sobre essas ideias nunca são boas o suficiente – sempre podemos obter mais alguns predicados qualificadores. De modo que viver na faixa intermediária entre o ideal (o gesto transcendental) e o empírico significa que qualquer decisão tomada para tentar fixar um sentido definitivo para a história é sempre arbitrária, sempre inadequada. Situada entre dois polos instáveis (pois a ideia de História é realmente apenas um dispositivo heurístico tão incerto e contingente quanto o empírico), qualquer decisão com relação ao que é história, em última análise, é uma escolha arbitrária ao longo de um espectro que, estendendo-se até o infinito, como acontece com os espectros, não é uma decisão nem um pouco fixa, e sim eternamente refixável, eternamente refigurável. No entanto, apesar de a falha estar escrita na própria ideia de História, para que se produza algum sentido, devemos decidir, para fins pragmáticos e sem bases certas, o que queremos que o termo signifique para nós. Derrida fala aqui da "indecidibilidade da decisão" com relação ao que a história, entre outros, é e será. Aqui, o futuro da "questão da história" está logicamente aberto, para sempre. E essa abertura lógica é crucial para Derrida, porque ele deseja um futuro que acolha o que está por vir em todas as suas possibilidades. Assim, o passado – a política do passado, a ética do passado e o passado em si – não pode determinar o futuro por nenhum meio que demande lógica e, argumenta Derrida, não deve fazê-lo; o presente e o futuro são tudo.

Isso não quer dizer que possamos escapar completamente ao passado como tal, ao "antes do agora" como tal. Mas podemos recortá-lo para que se ajuste a nós, e sempre o fazemos. E, de fato, podemos decidir recortá-lo tanto que ele praticamente deixe de existir, isto é, para usar uma expressão, "muito pouco – quase nada". Mas, seja como for, a questão é que herdar qualquer coisa do passado necessariamente envolve uma gama de seleções inevitáveis, abreviamentos, apropriações, recortes e inflexões. Tirar apenas algo da plenitude de uma "herança completa" envolve decisões intermináveis e, em última análise, indecidíveis (aporéticas). Porque, como expliquei no início deste capítulo, o passado não pode dizer aos historiadores quais são seus aspectos que "ele" quer que estudem. O passado nada contém de valor intrínseco, nada a que *tenhamos* que ser leais, nenhum fato que *tenhamos* que encontrar, nenhuma verdade que *tenhamos* que respeitar, nenhum problema que *tenhamos* que resolver, nenhuma tarefa que *tenhamos* que realizar. Somos nós quem decidimos essas coisas, *sabendo* – e, se sabemos alguma coisa, sabemos isso – que não existem bases para que tomemos essas decisões corretamente. Como Bennington observa com clareza, nas decisões inevitáveis que temos que tomar ao longo das nossas vidas, "a fidelidade é sempre marcada pela infidelidade ou por ela atormentada". Para Derrida, então:

A heterogeneidade radical e necessária de uma herança [...] nunca é totalmente entendida [...] Sua presumida unidade, se houver, pode consistir somente na *injunção de reafirmar por meio da escolha*. Você deve filtrar, selecionar, criticar; você deve selecionar entre algumas das possibilidades que habitam a mesma injunção [...] de forma contraditória, em torno de um segredo. [Pois] se a legibilidade de uma herança fosse dada, natural, transparente, unívoca, se ela não pedisse a interpretação e a desafiasse ao mesmo tempo, nunca se poderia herdar dela. Seríamos afetados por ela como por uma causa – natural ou genética. Sempre se herda um segredo que diz: "Leia-me, será que você será capaz um dia?".[14]

E a resposta é que nós nunca "somos capazes". Nunca podemos saber o exato *status* (verdade) da parte do todo que herdamos, pois não conhecemos o todo, a totalidade, da história. Sempre apropriações parciais e, portanto, falhas, as heranças nunca são "plenas", nunca são completa(da)s. A seleção do que é historicamente significativo depende de nós, de modo que sempre é tarefa *nossa* "descobrir" aquilo que "o passado" significa para nós; o que queremos que a nossa herança/história "seja" está sempre à espera de ser "lido" e escrito no futuro, como qualquer outro texto: o passado como história está à nossa frente, e não atrás de nós. Derrida, mais uma vez:

> A herança nunca é algo dado, é sempre uma tarefa. Ela permanece diante de nós [...] "Ser" significa herdar. Todas as perguntas sobre ser [...] são perguntas sobre herança. Não há fervor passadista em recordar esse fato, nenhum sabor tradicionalista. [Não] [...] Somos herdeiros; o ser que somos é a primeira de todas as nossas heranças, gostemos ou não, saibamos ou não.[15]

O passado nunca (nesse sentido) está encerrado; deve ser produzido amanhã e no dia seguinte – e quem sabe o que vai acontecer amanhã? O passado, portanto, está aberto à novidade imparável; decisões indecidíveis e refigurações de um tipo logicamente além de qualquer restrição: tudo pode vir, "vale tudo" – gostemos ou não, saibamos ou não. Até mesmo o desaparecimento da história.

Retomada/preparação

> Derrida está constantemente nos alertando para o caráter construído daquilo que chamamos de "realidade" do "extralinguístico", e ele é implacavelmente, digamos socraticamente, desconfiado em relação ao prestígio do discurso dominante, do sistema de exclusões que se instala quando uma linguagem afirma ser a linguagem da própria realidade [o passado em si], quando uma linguagem é considerada como sendo o que o ser [o passado] diria se lhe dessem uma língua.
> (John Caputo, *The Prayers and Tears of Jacques Derrida*)

Reunirei algumas das principais questões deste capítulo e prepararei o caminho para o próximo.

A razão de eu ter feito tanto uso de Derrida nas páginas anteriores é que ele, mais do que ninguém, na minha opinião, uniu a demonstração da impossibilidade do fechamento linguístico/discursivo a uma promessa emancipatória e política. De fato, Derrida diz não ter "nenhuma tolerância para com aqueles que – desconstrucionistas ou não – são irônicos em relação ao discurso grandioso da emancipação".[16] E é em nome desse discurso que tentei mostrar por que e como precisamos nos livrar das certezas das histórias profissionais e refigurar o passado, "o antes do agora", de modo a inscrever no seu interior uma incerteza inevitável e interminável, para sempre. Como dito na Introdução, no capítulo "Começar de novo: das disposições desobedientes", tento esboçar uma disposição que pode nos permitir imaginar historiadores que já não cantem fervorosamente seu mantra de antiteoria, de objetividade, de um centro fora do presente e da "verdade no final da investigação", temperado com uma quantidade apenas suficiente daquele *frisson* interpretativo de que gostam, quando fingem ser tão "abertos", mas que acolham com expectativa a natureza não fundacional de todas as nossas figurações em todos os tempos verbais (passado, presente, futuro) e seu *status* relativista. Ao contrário do que seus críticos possam dizer, essa não é uma posição irresponsável, e sim uma posição que pode trazer consigo novas responsabilidades morais inevitáveis. Não tenho álibi para nenhuma das decisões indecidíveis que tomo por conta própria em toda a minha singularidade.

Mas isso está no capítulo "Começar de novo: das disposições desobedientes", e entre aquele e este primeiro capítulo, encontra-se o capítulo "Ordem(ns) do dia". E ele tem a sua própria contribuição a dar, pois estou bastante certo de que a maioria dos historiadores profissionais vai pensar que o que eu disse até agora é bastante irrelevante para suas práticas cotidianas, se não for totalmente irrelevante para eles como seres humanos. Profissionalmente falando, certamente no que se refere à prática da história, dirão, os procedimentos metodológicos e outros da "guilda" oferecem maneiras de fechar essas lacunas relutantemente reconhecidas entre o real e sua representação/apresentação, que dão origem à possibilidade de um conhecimento – uma epistemologia – que ainda é forte o suficiente para ter esse nome. E quero dizer que, com relação ao texto histórico dotado de sentido, isso não é possível. Assim, no próximo capítulo, examinarei alguns dos argumentos que afastam tantos dos pressupostos fundamentais nos quais os historiadores se apoiam quando tentam justificar suas ambições epistemológicas de construção de conhecimento.

Dessa forma, vou argumentar que uma história sem fundações e, portanto, composta de uma série de decisões arbitrárias, mas, ainda assim, responsáveis, é exatamente tudo de que precisamos – se é que precisamos de uma história: histórias que sejam convites abertos àquilo que ainda não chegou a ser, histórias que não tentem se repetir.

Ordem(ns) do dia

> Uma vez tendo atravessado o limiar da pós-modernidade – e a maioria de nós já o atravessou aqui e ali, gostemos ou não –, a história, em seu sentido tradicional, juntamente com o seu sujeito unitário fundador, já não é mais possível, simplesmente porque o mundo pós-moderno não é um sistema, mas muitos. A condição discursiva [da pós-modernidade] não é apropriada à Hipótese do Mundo Único, nem ao valor pressuposto de neutralidade, nem ao projeto de objetivação com sua ênfase no ponto de vista individual e na forma emergente. Com o reconhecimento de complexidades pós-modernas, a neutralidade e o resto dos valores associados à história não se perdem necessariamente, mas tampouco podem permanecer universalmente aplicáveis e, portanto, imunes à escolha ou à rejeição. São propriedades de alguns sistemas e não de outros, e as escolhas entre eles são polêmicas e difíceis.
> (Elizabeth Ermarth, "Beyond History"; *Rethinking History Journal*)

Este capítulo parte do anterior, por meio de seis seções interligadas, todas as quais têm a intenção de remover muitos dos pressupostos sustentados por historiadores profissionais para que se possam produzir novas refigurações do "antes do agora". A posição que estou defendendo já deve estar bem estabelecida, mas reiterá-la em um idioma diferente do derridiano usado anteriormente – histórico, mais do que filosófico – pode servir para "estabelecer" este capítulo, bem como para introduzir um dos dois principais "recursos" usados nele: Hayden White. Isso porque o argumento de White – de que a insistência, por parte de historiadores acadêmicos, em que sua definição estipulada de história é *realmente a história como tal* é obstáculo para uma apreciação muito mais generosa das possibilidades que estão adormecidas dentro do termo – sustenta a linha de argumentação que vou desenvolver nas páginas seguintes. Assim, White apresenta o argumento "definidor de agenda" de que não existe, obviamente,

> uma única visão correta de qualquer objeto de estudo, mas [em vez disso] há muitas [...] visões, cada uma demandando seu próprio estilo de apresentação. Essa [posição nos permite] cogitar seriamente aquelas "distorções" criativas oferecidas por mentes capazes de olhar o passado [...] mas com orientações afetivas e intelectuais diferentes. Então, não devemos mais esperar que enunciados sobre uma determinada época, como um complexo de eventos no passado, "correspondam" a algum conjunto preexistente de fatos brutos. Porque devemos reconhecer que aquilo que constitui os fatos é o problema que o historiador, assim como o artista, tem tentado resolver na escolha da metáfora pela qual ordena o mundo em passado, presente e futuro.[1]

De designadores rígidos e significantes vazios

> Liberto do autor, o texto também se torna um "mar aberto", um espaço de "significações manifestamente relativas, já não enfeitado nas cores de uma natureza eterna" [...] Aqui, o texto se torna uma afirmação prazerosa de indeterminação, uma dança da caneta [...]
> (Sean Burke, *The Death and Return of the Author*)

O primeiro argumento a ser apresentado nesta seção pode parecer óbvio depois daqueles do capítulo "Tempo(s) de abertura", mas é preciso insistir (e, talvez, novamente, colocá-lo em um idioma mais histórico do que o de Derrida) em que termos como "passado" e "história", os quais nos são tão familiares em nossa cultura que os seus sentidos parecem naturais, na realidade, não o são nem um pouco, e sim resultado de um casamento sempre forçado entre o termo-sujeito (história) e seus predicados (suas características). E esse casamento forçado – e suas implicações e possibilidades – pode ser proveitosamente explicado pelo uso de duas expressões, a saber, "designadores rígidos" e "significantes vazios". Isso porque essas duas expressões nos permitem ver muito claramente que nenhuma palavra, mesmo as conhecidas, como passado e história, tem seus sentidos (suas designações) rigidamente fixadas "de uma vez por todas"; em vez disso, todas as palavras têm *status* de significantes vazios.

Ou seja, as palavras podem ter ligados a si novos sentidos que esvaziem os sentidos existentes e os reabasteçam com outros, diferentes, que talvez façam surgir desordenamentos e desdesignações criativos, criativas "deslembranças de coisas passadas". E é importante que reconheçamos tudo isso, pois nos alerta para o fato de que, quando chamamos tudo o que simplesmente aconteceu antes do agora de "passado" ou "história" (usando esses termos como sinônimos neste caso), se não tivermos cuidado, já estaremos correndo risco de figurar "o antes do agora" de maneiras muito conhecidas, que, em seguida, prendem-nos a uma visão com a qual é difícil romper. Assim, por exemplo, aceitar as palavras "passado" e "história" das maneiras que são dominantes em nossa cultura já é figurar aquilo que simplesmente ocorreu antes de agora e as transformar em um formato, uma forma, uma unidade e, muitas vezes, um conteúdo, uma direção e uma significação; é objetificar e, assim, materializar "isso" para dar a "isso" uma vida aparentemente própria que, em seguida, faz demandas a nós, que nos responsabiliza. E, quando é feito, sugere que o passado/história realmente é uma espécie de objeto continente *dentro* do qual agora nós estamos, de alguma forma: "Você nunca pode sair do passado ou do seu passado", "o passado está ao nosso redor e em nós". Essa atitude praticamente descarta, por sua poderosa invocação de senso comum habitual, o reconhecimento de que esses *conceitos* são apenas signos em busca de um referente arbitrário (embora, em nossa cultura, convencional). A propósito, isso não significa negar que o que aconteceu antes de agora realmente tenha acontecido. Na verdade, é preciso insistir nisso. Mas a questão é que esses acontecimentos anteriores não eram, em si, "o passado" nem "história"; eram apenas acontecimentos. Então eu acho que isso nos libera de continuar no encalço de rígidas designações de senso comum, se vemos que termos como "passado" e "história" são, como outros, *significantes vazios*.[2]

Isso deve estar bastante claro, mas outro comentário sobre a noção de "significante vazio" pode ser esclarecedor em um aspecto. Pois, quando digo que as palavras são significantes vazios, não quero dizer que as palavras sejam sempre, literalmente, vazias. Nem um pouco. Os significantes, incluindo os chamados "vazios", são *sempre cheios*. A ideia do significante vazio não quer dizer que os signos ou palavras sejam vazios, mas que quaisquer sentidos ou predicados com os quais eles sejam preenchidos são arbitrários. A ideia de significante vazio chama a atenção ao fato de que, como o predicado dominante de cada sujeito é simplesmente o contingente preenchimento de um termo conforme determinado por aqueles que têm o poder de fazê-lo, qualquer "conteúdo" designado pode ser *esvaziado* e repreenchido (ou descartado ou esquecido) por uma redesignação igualmente contingente e, portanto, nunca rígida/fixa – *ad infinitum*.

Assim, no caso daqueles predicados que, no uso comum, parecem ser tão obviamente aquilo que passado/história são, será útil usar, em vez disso, a expressão "o antes do agora" (como já fiz e continuarei a fazer quando for contextualmente apropriado), para que seus predicados geralmente atribuíveis e suas conotações não sufoquem a nossa imaginação... tudo isso para que possamos, de fato, cogitar exatamente as distorções criativas de que fala Hayden White.

Mas "o passado" não é história...

> Digamos que se fabrique um duplo [linguístico] do mundo, que substitua o mundo. Geramos a confusão entre o mundo e seu duplo.
> (Jean Baudrillard, *Paroxysm*)

Historiadores assalariados que ganham a vida traficando história – geralmente no ensino superior – costumam ter orgulho de se chamar profissionais, distinguindo-se, assim, de antiquários e amadores por força dos predicados habitualmente atribuídos a "profissionais", como métodos rigorosos, práticas acadêmicas e erudição, de modo a constituir uma espécie de clube ou guilda, ou, como disse Michael Roth, "uma tribo da história".[3] Não é qualquer um que pode ser historiador profissional. Há (como mencionei no capítulo "Tempo(s) de abertura") obstáculos qualificantes, avaliação dos pares, tetos de vidro e todos os tipos de dispositivos excludentes. Mas, uma vez dentro, os *insiders* geralmente costumam estar prontos para convencer a outros, pois invariavelmente já convenceram a si próprios de que a história que "fazem" realmente vale a pena e é realmente história. E aqui quero alertar para a natureza radicalmente a-histórica dessa suposição. Pois, embora a maior parte dos historiadores profissionais nem por um minuto sustente algo tão vulgar como uma teoria Whig da história progressiva, a maioria deles realmente *adota* uma visão Whig de historiografia e metodologia. Ou seja, eles pensam que os esforços prévios feitos por historiadores anteriores para compreender "o antes do agora" (embora fosse considerado, na época, o fazer da história real), na verdade, sempre ficaram aquém daquela história *realmente* adequada que, finalmente e por feliz coincidência, os historiadores de hoje de fato alcançaram e em relação à qual as nobres tentativas anteriores podem ser vistas agora, em retrospecto, como tentativas úteis, ainda que ignorantes.

Mas, é claro, na medida em que realmente acham que o gênero da história que eles casualmente praticam é idêntico à história em si, os historiadores atuais estão apenas confusos. Nada poderia ser menos "histórico" do que a ideia de que a descrição do cargo do historiador profissional de hoje seja a personificação da história como tal, e que é isso e pronto, que chegamos ao fim perfeito da historiografia, esgotamos o seu potencial. Portanto, é mais do que grave imaginar que a soma dos esforços dos historiadores anteriores possa encontrar sua forma mais elevada de expressão nos argumentos da "natureza da história", como os formulou, por exemplo, Arthur Marwick – é uma tragédia.

Tudo isso é munição para o argumento de Hayden White, de que qualquer historiador reflexivo deve ser capaz de identificar os elementos ideológicos que sustentam o construto específico de história no qual trabalha em vez de confundi-los com a história como tal. Mas, como ele observa, os historiadores raramente consideram os determinantes culturais ou a função de seu trabalho. Em vez disso,

> Entram na disciplina. Fazem o seu trabalho. Quando você lhes diz: "Veja bem, o tipo de trabalho que você faz pressupõe ou está baseado em uma série de pressupostos implícitos"; eles respondem: "Bom, eu não estou preocupado com isso. Tenho que continuar fazendo meu trabalho".[4]

E qual, exatamente, é esse trabalho? Mais uma vez, o argumento de White de que aquilo que os historiadores profissionais fazem fundamentalmente não é tanto um método, mas uma forma de etiqueta, parece fazer sentido. Em relação à tão manuseada expressão história "adequada" (*proper*), diz ele,

[...] trata-se, naturalmente, de uma locução muito britânica. A ideia de adequação (*propriety*) significa que a própria história é um pouco como uma conduta adequada, indica uma etiqueta em vez de uma teoria. Quer dizer, a história adequada é o tipo de coisa feita pelas pessoas certas, no momento certo, no lugar certo [...] quem não concorda com as normas de profissionalismo é, portanto, depreciado ao se dizer que essa pessoa não está fazendo a história adequada.[5]

Mas não é só isso, pois as pessoas, os eventos, os processos e as estruturas do "antes do agora" são o objeto de estudo de muitos outros discursos das ciências humanas e sociais e, na verdade, também das ciências naturais e físicas. Não apenas historiadores, mas também qualquer um – jornalistas, políticos, comentaristas da mídia, cineastas, artistas – podem conseguir acessar "o antes do agora", muitas vezes de maneiras engenhosas que prestam pouca atenção a "habilidades e métodos" do historiador – habilidades e métodos que White caracterizou, em outra ocasião, como pouco mais do que o estudo de uma linguagem ou duas, uma consideração sobre as obras do campo para obter familiaridade, trabalho de pequeno artesão ocasional no arquivo, enquanto, com relação ao resto, "uma experiência geral das questões humanas, leitura em áreas periféricas, autodisciplina e *Sitzfleisch* (persistência) são tudo o que é necessário. Qualquer pessoa pode cumprir esses requisitos com bastante facilidade".

Isso nos faz perguntar por que o historiador profissional é aparentemente o único a ser capaz de determinar a resposta adequada à questão "o que é história?". E, embora vivamos em uma formação social que incita e, em seguida, permite que os historiadores falem sem parar sobre a aplicação e a avaliação das "habilidades históricas", podemos observar de passagem que essas habilidades não são históricas em qualquer sentido importante, e sim genéricas. "Encontrar" e gerar dados, verificar a procedência de fontes/textos, ler de forma crítica, extrapolar "com base nas evidências", escrever sinopticamente não chegam a ser habilidades específicas da história. Pensemos no trabalho de advogados, geógrafos, críticos literários e filósofos. Além disso, há algo de estranho e um pouco tolo em relação à própria ideia de "habilidades históricas". Pois, embora nem por um momento chamemos as habilidades que alguém usa para investigar vários aspectos, por exemplo, de uma ilha deserta de "habilidades de Ilha Deserta", parece perfeitamente razoável para alguns historiadores chamar suas habilidades aplicadas de "habilidades históricas" (existem cursos de graduação inteiros dedicados a elas), simplesmente porque o objeto de sua investigação é "história". Esse é um erro categórico simples, de cujo poder mistificador todos podemos prescindir. Realmente, não existe coisa alguma que se possa chamar de habilidades históricas.

E, enquanto estamos limpando o campo, já podemos muito bem nos livrar da ideia associada de que os traços do "antes do agora" com os quais os historiadores trabalham contêm *em si* um tipo especificamente histórico de informação e que o "conhecimento" baseado nele é um tipo específico de conhecimento histórico. Em vez disso, é a aplicação de práticas discursivas específicas do historiador – a aplicação de um gênero "histórico" (em vez de geográfico, literário ou jurídico; em vez de mítico, lendário ou fabular) – que *transforma* esses traços do "antes do agora" em algo histórico; nada jamais é *intrinsecamente* histórico – muito menos o "antes do agora".

Assim, talvez seja melhor chamar esses vestígios de *arquivais*, visto que eles podem se tornar os objetos de investigação de muitos discursos sem pertencer a qualquer um deles; os historiadores não têm direitos exclusivos sobre o arquivo; "o passado" não contém, *nele* mesmo, de maneira alguma, a propriedade da história. Essas são questões elementares, mas já estão nos ajudando a nos livrar de alguns dos pressupostos mais comuns da história profissional. Contudo, são apenas a ponta do *iceberg*, por isso, vamos continuar.

Das significações por vir

> "Avaliação" no âmbito estético não é um equivalente de "verificação" no âmbito científico, e surge uma espécie de erro categórico quando [a história] procura se modelar segundo disciplinas que partem de fundamentos axiomáticos. O sentido de um [...] texto não equivale a uma equação matemática: a escolha entre leituras [...] incompatíveis só pode ser feita com base em critérios estéticos ou éticos.
>
> (Sean Burke, *The Future of Biography*)

Mesmo que os historiadores estejam cientes de que, estritamente falando, pode não ser possível se livrar de todos os seus pressupostos e pressuposições atuais, que são, na verdade, exatamente as coisas que lhes permitem sequer pensar historicamente, a maioria ainda tenta fazê-lo. Grande parte dos profissionais ainda sustenta que o objetivo da história é, para lembrar, entender o passado em "seus próprios termos" e "por si", sem sofrer influência, tanto quanto for humanamente possível, de seu próprio "contexto histórico", por medo de cometer os pecados mortais do anacronismo e da visão retrospectiva distorcida. Porque apenas por essa abordagem se pode demonstrar um respeito adequado para com o passado, um respeito que o passado, de alguma forma, apreciará e, portanto, estará preparado para abrir mão de seus segredos. E quero dizer – concordando com Arthur Danto – que esse objetivo jamais será atingido e não deve nem mesmo ser almejado, se alguém quiser ser considerado historiador. Fazer o que está sendo sugerido aqui em nome de algum tipo de neutralidade objetiva é justamente fazer algo que os historiadores jamais podem executar.

Então, como funciona essa negação da história "adequada" e normal?

Como Danto apontou muitos anos atrás[6] – embora seu argumento obviamente tenha sido ignorado –, a única representação concebível do "antes do agora", por ele ser "essencialmente, em si e por si", seria aquela produzida por um *cronista ideal*. Esse cronista seria uma pessoa que conhece e registra absolutamente tudo o que acontece no momento em que acontece, que também conhece as causas necessárias e suficientes dessas ocorrências e seus sentidos, e que o faz sem qualquer conhecimento do futuro – uma posição que, como Danto explica, "deixaria o historiador desempregado". Para que uma história seja uma história, ela envolve necessariamente olhar para *trás*. Isso imediatamente introduz a visão retrospectiva e o anacronismo como requisitos *formais* e inevitáveis da história segundo até mesmo a definição mais mínima (como um olhar para trás ao "antes do agora" e como uma apresentação dele), o que significa que, ironicamente, o critério básico do historiador adequado, como ele próprio o formula – compreender o passado em seus próprios termos e em si, *sem* o benefício da visão retrospectiva –, jamais pode ser realizado por um historiador ou mesmo por qualquer outra pessoa. Nem deveria. Pois a razão de ser de uma consciência histórica é, exatamente, *não apenas "conhecer"* as pessoas e os eventos do "antes do agora" como poderia ter feito um contemporâneo, mas como os historiadores fazem *agora*, olhando para trás. Assim, aquilo que os historiadores profissionais parecem querer exatamente não só é impossível do ponto de vista lógico, mas também claramente *anti-histórico*.

Isso me leva à minha principal discussão nesta seção, que começa com a afirmação de que, à luz do que foi anteriormente exposto, a única coisa que podemos oferecer como uma história é uma *proposta* centrada no presente, uma *apresentação* experimental sobre como "o antes do agora" pode ser visto. Em uma de suas muitas tentativas de perturbar nossas intuições de senso comum sobre a representação histórica, Frank Ankersmit recorre a uma discussão de Jean Baudrillard sobre a tendência do crente religioso a eliminar gradualmente Deus – o objeto de sua devoção – e reconhecer, em vez disso, a presença d'Ele em imagens, ícones ou *simulacros* feitos de "ele".[7] Dessa forma, o crente que inicialmente adora a Deus através da Sua imagem começa, depois de um tempo, a transferir sua devoção às próprias imagens – os simulacros –, que só eram destinadas a ser um meio para a expressão de Deus, com o resultado de que, agora, temos uma situação em que a imagem parece mais real do que o real; a imagem de Deus, mais real do que o próprio Deus.

Consequentemente, diz Ankersmit, essa maneira de pensar vai "inevitavelmente tornar inaplicáveis e fúteis nossas noções tradicionais de verdade e referência". Por que deveria ser assim?

Bom, para Ankersmit, o discurso no qual a tese da substituição da realidade pela imagem definitivamente "possui imensa plausibilidade" é história, principalmente por a realidade tornada histórica ser tão invisível ao olho quanto Deus; nós só O conhecemos (assim como conhecemos o passado) por suas apresentações. Portanto, não há nenhuma maneira de termos acesso à realidade do passado tornada histórica, exceto por meio de nossos simulacros (nossos textos); assim, podemos dizer que, se aquilo que um dia foi realidade tem qualquer vida hoje, isso se deve inteiramente aos simulacros –

à história – que os historiadores construíram dela: "certamente, nesse caso", Ankersmit conclui, "pode-se dizer que o simulacro precede a realidade [...] que a história é tão 'feita' quanto 'encontrada'" – o que coincide com a definição de história de Hayden White como "um discurso narrativo cujo conteúdo é tão imaginado quanto encontrado".[8]

É esse argumento que leva Ankersmit à sua ideia de história como *propostas*, como apresentações e não como re-presentações. E essa passagem da representação para a apresentação proposta é preferível por duas razões. Em primeiro lugar, para uma definição funcional forte de representação, é necessária a presença de uma realidade histórica dada, independentemente que possa atuar como verificação autônoma de qualquer coisa que se diga (no âmbito do sentido, no âmbito do texto). Mas, se é a própria apresentação – o texto dos historiadores – que cria a realidade a que aparentemente se refere no próprio ato de apresentá-la, é exatamente essa apresentação que cria a "realidade" passada. Assim, a narrativa do historiador não está representando nem um pouco aquela que um dia foi realidade, no sentido de apresentá-la *de novo*, e sim a está apresentando pela primeira vez enquanto propõe simultaneamente essa apresentação como forma de pensar sobre as coisas, como uma das muitas propostas desse tipo – tornando-a, assim, apenas mais um texto entre aqueles que constituem a literatura existente. Isso significa que – em segundo lugar – como *todas* as propostas só podem ser consideradas relativamente plausíveis não em relação ao "passado" como tal, mas no que diz respeito a propostas ou textos de outros historiadores – ou seja, intertextualmente –, quando se trata de julgar as apresentações/propostas do historiador, *o passado literalmente não entra*; só os textos importam historicamente.

Consequentemente, somos livres para fazer do passado o que quisermos, sem qualquer tipo de "passado original" decisivamente importante que nos impeça. Poucos historiadores profissionais ficam felizes com essa liberdade, e muitos tentaram sugerir repetidamente que ainda há alguma coisa no passado – que vou chamar de sua *sintaxe*, seus "fatos" – que impede esse tipo de *laissez-faire* semântico ou interpretativo, esse tipo de queda livre semântica. Mas isso no que se refere ao sentido, à interpretação; com relação ao texto, que é sempre mais do que a soma de seus enunciados cognitivos, o factual não pode resistir contra a produção de infinitos sentidos, de modo que a liberdade semântica segue muito bem seu curso, sem ser parada. Assim, tratarei agora de sintaxe e semântica, nessa ordem, para explicar melhor essa questão – uma explicação crucial.

Sobre sintaxe ou a ordem gramatical do "antes do agora"

> Um desafio da poética à história reside na implicação da equação de representação e referencialidade [...] Já se demonstrou que a história normal, isto é, tradicional, é um modo convencional, portanto, arbitrário, de codificar a comunicação como factualidade, apresentando a representação como se fosse totalmente referencial e realista. A transmutação de uma parte tão grande do lado referencial da história – alguns diriam de todo ele – para o lado representacionalista e narrativo destrói o efeito de autoridade factual geral reivindicado para as produções históricas. A desmistificação do empreendimento histórico, portanto, também a deslegitima como disciplina, segundo essa visão.
> (Robert Berkhofer, *The Challenge of Poetics to (Normal) Historical Practice*)

Uma das maneiras pelas quais os historiadores argumentam que a liberdade interpretativa interminável pode realmente ser verificada é pelo recurso ao factual dentro da história. Esses argumentos assumem muitas formas, mas o elemento comum a todos eles é dizer que certas coisas aconteceram, vestígios desses acontecimentos permanecem ou podem ser inferidos, esses vestígios podem ser usados como fontes para o estabelecimento de evidências baseadas nos fatos e essas evidências podem, então, ser usadas em argumentos, como ganchos nos quais pendurar apenas determinadas conclusões, apenas determinados tipos de significação e determinados sentidos. Dessa forma, parece que seria possível passar dos "fatos do passado" baseados nas evidências (sintaxe) à significação e ao sentido desses fatos (semântica); uma passagem de fatos a valores (significações), da sintaxe à semântica.

Mas essa passagem é logicamente impossível. Na história da filosofia, não houve tentativa bem-sucedida – embora muitas pessoas tenham tentado e algumas tenham inclusive alegado ter tido êxito – de derivar valor(es) de fato(s) *logicamente*. Isso não quer dizer que não *pareça* que nós extraímos valores de fatos com facilidade o tempo todo em nossas vidas cotidianas, mas o argumento filosófico não diz respeito a isso. Pois, embora interliguemos rotineiramente fatos e valores o tempo todo, nunca conseguimos mostrar uma implicação lógica entre eles; o argumento dos fatos e valores é o argumento de que nunca podemos extrair logicamente de um fato, ou de um conjunto de fatos, um único valor. Por exemplo, podemos dizer que ir à guerra faz mal a pessoas e por isso é errado; por outro lado, podemos dizer que, mesmo que faça mal a pessoas, a guerra muitas vezes pode ser moralmente justificada. Assim, se é possível justificar ou não justificar o ato de guerra, conclui-se que não há qualquer implicação *necessária* de valores com o fato de que a guerra faz mal a pessoas. Portanto, somos livres para decidir extrair (por motivos indecidíveis) qualquer valor, significação ou sentido que queiramos em relação aos fatos (incluindo os do passado, do presente e do futuro). Até que alguém consiga mostrar que há uma implicação lógica – duvido de que haja muitas chances de isso acontecer –, continuamos sendo, inescapavelmente, relativistas éticos, morais e históricos.

Os fatos, portanto, não podem parar o fluxo interpretativo; há, na conhecida frase de White, "uma relatividade indelével em cada [apresentação] dos fenômenos históricos".[9] Mas, como se isso não fosse ruim o suficiente para os defensores da fé, os chamados fatos também são, eles próprios, construções interpretativas. Consequentemente, o impacto que o colapso de fatos em fenômenos de interpretação tem sobre a história fragiliza ainda mais o uso desses fatos como base para uma resistência à liberdade semântica, pois as interpretações, é claro, são juízos de valor. Isso merece atenção por apenas mais algumas páginas.

Passaram-se agora quase 40 anos desde que Roland Barthes, em seu trabalho "O discurso da história", demonstrou que os fatos eram entidades linguísticas.[10] Para Barthes, os historiadores realizam uma espécie de mágica na qual "os fatos" – que são apenas um conceito discursivo – são projetados a um domínio supostamente externo ao discurso, de onde, em seguida, pode-se considerar que *determinam* o próprio discurso que os postula como fatos.

Isso não significa negar a realidade dos acontecimentos passados, mas argumentar que eles não importam até receber significação no discurso. É o discurso que transforma as "coisas" (os eventos) do antes do agora em fatos... e, portanto, o comentário de Berkhofer no início desta seção, de que esse colapso da natureza independente dos "fatos" aos quais a representação/apresentação se refere, transformando-se em representação e apresentação, destrói o efeito de facticidade reivindicado pela maioria dos historiadores.

Isso pode parecer um pouco abstrato, até mesmo irrelevante, para o trabalho do historiador. Mas é claro que não é; está no cerne das práticas de produção de sentido de todos os historiadores, como mostra um curto trecho exemplificativo de Chris Lorenz. Ele pergunta como é possível

[...] que, em relação a um tema individual – o Nacional-Socialismo, por exemplo –, diferentes historiadores continuem se referindo a diferentes estados de coisas como fatos e continuem se referindo a diferentes enunciados como sendo verdade, e, portanto, como é possível que não haja qualquer garantia de consenso na história? Esse fato é explicado pela circunstância de que os enunciados factuais e seu valor de verdade variam segundo os quadros em que são descritos [...] Se percebermos que a aparência da "realidade" sempre depende de uma forma de relato [...] e, portanto, de uma perspectiva – não surpreende que a "realidade" não possa ser usada como argumento em favor, ou mesmo em defesa, da "necessariedade" de uma determinada perspectiva. [Porque] isso pressupõe uma correspondência direta entre a realidade e um marco linguístico específico [ao passo que] o que acontece é o contrário: é o historiador que tenta determinar qual é "realmente" a aparência do passado [...] é o historiador, não o passado, que dita a história.[11]

Robert Berkhofer sublinha enfaticamente o argumento de Lorenz: o efeito que os historiadores profissionais *tentam* alcançar em suas representações/apresentações, segundo ele:

> É a fusão da estrutura da interpretação e da factualidade para impressionar o leitor e convencê-lo de que a estrutura da interpretação é a estrutura da factualidade [...] em vez de mostrar [...] como a representação está estruturada para se *parecer* com a factualidade total. A tarefa do historiador normal é fazer com que pareça que a estrutura da factualidade tivesse determinado, ela própria, a estrutura organizacional de seu relato e de outros [...] essa é a ilusão do realismo.[12]

Hayden White nunca teve esse tipo de ilusão; para ele, a única realidade passada dotada de sentido é produzida pela figura que formata e produz sentido: "realismo figural". Essa é uma forma crucial de ler e entender as coisas; então, vou explicá-la brevemente, pois ajuda a eliminar muitas das outras pressuposições dos historiadores.

White considera axiomático que as histórias – especialmente as histórias narrativas (embora, provavelmente, todas as histórias sejam narrativas em suas estruturas gerais) – sejam basicamente *fictícias*. Ou seja, embora possam querer dizer a verdade e nada mais que a verdade sobre seus objetos de estudo e sobre o que recolhem do arquivo, os historiadores não têm como narrar suas descobertas sem recorrer ao discurso figurativo. Um relato literal do que aconteceu antes do agora poderia produzir apenas, na melhor das hipóteses, uma espécie de anais ou crônica maciçamente abreviados do "antes do agora", e nunca uma história. Porque uma história exige minimamente – para ser uma história em qualquer sentido – uma organização importante e dotada de significado sobre os "fatos" que os fatos, em si, nunca poderão oferecer plenamente. Sendo um discurso sobre acontecimentos já não perceptíveis, os historiadores precisam, portanto, realizar duas construções imaginativas. Em primeiro lugar, devem construir seu objeto de interesse antes de poder, em segundo, aplicar a ele o tipo de procedimento que pretendem utilizar para explicá-lo e entendê-lo dentro do gênero (o tipo de história que estão escrevendo) que escolheram (sua maneira de colocar o objeto "sob uma descrição"). Essa é a única maneira pela qual ela pode ser levada a ter sentido. O discurso histórico, portanto, é sempre caracterizado por uma apresentação *dupla*: a do objeto de interesse *e* a dos pensamentos dos historiadores sobre esse objeto, formulados de várias maneiras. Consequentemente, como comenta White

> [...] não pode *não* operar as outras funções que a linguística moderna identifica como as diferentes funções do ato da fala: expressiva (dos valores e interesses dos autores), cognitiva (das emoções, interesses, preconceitos dos públicos),

metalinguística (buscando esclarecer e justificar sua própria terminologia e seus procedimentos explicativos), fática (estabelecendo canais de comunicação) e poética (pela qual a estrutura é transformada em sequência).[13]

Desse modo, é a relação entre tais elementos (nenhum dos quais sai do passado, é claro, mas que atuam sobre os traços do passado ao fazer sua cura e os dotar de sentido) que permite que White argumente, ainda, que essas relações não apenas são "não históricas", mas que tampouco são fixadas por meio de algum conjunto de procedimentos metodológicos consensuais. Na verdade, as diferentes relações entre essas várias funções são o que White chama de tropológicas, ou seja, os sentidos que os historiadores produzem são produzidos através de vários tipos de figura – metáfora, metonímia, sinédoque e ironia –, que geram os tipos de arranjos por meio dos quais o passado é apresentado. Portanto, as conexões entre pessoas, eventos ou situações apresentados no discurso histórico *não* são conexões lógicas, e sim metafóricas/alegóricas. Além disso, uma vez que nenhum dos eventos distintos que se pensa ter ocorrido pode ser descrito como se tivesse em si um arranjo ou um enredo *inerente* (muito menos algum valor intrínseco que esteja objetivamente lá e que não possa ser ignorado), os processos pelos quais esses fenômenos inertes são *transformados* ("tropados"), por meio de uma trama, em uma forma narrativa na qual eles nunca estiveram têm que ser... fictícios. Assim, seja qual for o "realismo" que a narrativa contenha, ele deve ser o da figura de retórica – e o que mais poderia ser? E é por isso que, no âmbito do texto, a objetividade e a verdade, a correspondência necessária ou a coerência inerente caem fora do quadro; a história não é uma epistemologia.

Portanto, não há uma passagem necessária da sintaxe à semântica. Todas as histórias são inevitavelmente carregadas de tropos, tramas, figuras e defendidas a partir da posição do próprio historiador. Claro que existem alguns historiadores que pensam poder escapar de produzir histórias das formas que White e Ankersmit vêm sugerindo, mas isso não é possível. Os únicos que poderiam escapar disso são aqueles historiadores que não impõem tropos, tramas, argumentos baseados em evidências e não fazem todas essas coisas a partir de uma posição ideológica. Esse tipo de criatura jamais foi encontrado e é difícil de acreditar que possa ter sido imaginado.

Da semântica

> [...] O famoso imperativo de Lacan, "não desista do seu desejo", propicia-lhe um princípio abstrato [...] pois, para ser tão fiel à peculiaridade do seu desejo, antes é necessário "um repúdio radical de uma certa ideia do bem", ou seja, o repúdio a todas as normas sociais meramente *consensuais* [...] em favor de uma afirmação excepcional cujo valor não pode necessariamente ser provado [...]
> (Peter Hallward, *Introduction to Alain Badiou's Ethics*)

Quero basear parte desta seção em algumas das ideias mais originais de Frank Ankersmit e, particularmente, em suas teorias sobre "enunciados e textos" e "substâncias narrativas". Essas são teorias que redirecionam a nossa atenção, do aspecto do trabalho do historiador relacionado a pesquisa/arquivo a aspectos de formatação, figuração, estetização, textuais e, assim, radicalmente semânticos das historicizações do "antes do agora". Essas teorias são descritas em muitos lugares e em grande detalhe, principalmente em *Narrative Logic* e *History and Tropology*, de Ankersmit, mas talvez a essência dos argumentos do autor possa ser mais bem abordada nesta ocasião por meio de dois textos mais curtos, um dos quais apareceu na revista *History and Theory* e outro que é um capítulo de seu próximo livro, *Historical Representation*.[14]

Com relação a seu trabalho sobre "enunciados e textos", Ankersmit argumenta que se podem dizer duas coisas sobre um texto histórico. A primeira, que esses textos consistem em muitos enunciados individuais, a maioria dos quais aparentemente apresenta uma *descrição* exata ou "verdadeira" de um estado de coisas que existiu no passado. Esses enunciados "baseados em evidências" são "encontrados" no arquivo "histórico" e têm em si – quando corroborados – a aura da facticidade. Isso leva ao segundo argumento de Ankersmit, segundo o qual, com as possíveis exceções de algumas áreas do passado com vestígios quase inexistentes, os vestígios baseados em evidências e, portanto, enunciados "verdadeiros" baseados em evidências, que estão disponíveis à maioria dos historiadores, permitem que eles escrevam muito mais enunciados verdadeiros sobre o passado histórico do que aqueles que realmente se encontram em seus textos. Às vezes, argumenta-se – é um tema típico de seminários – que não existem fatos históricos como tais, e isso parece ser verdade no sentido de que, como vimos, os "fatos" precisam receber esse *status* de muita investigação interpretativa ou designação. Mas, estando feita essa investigação, o resultado não é que não existem fatos, mas que existem milhões deles. Consequentemente, a situação enfrentada pelo historiador não é de inexistência ou escassez, e sim de abundância. Assim, o problema do historiador passa a ser selecionar, distribuir, "pesar" e dar significação (que nunca está lá de antemão) apenas a alguns dos "fatos" em combinações sempre problemáticas relativas a – *relativas a* – toda uma gama de interesses que combinam esses fatos em contextos sempre, em última análise, indeterminados e, portanto, arbitrários.

Assim, como diz Ankersmit:

> De todos os enunciados que os historiadores poderiam ter produzido sobre as partes relevantes do passado, eles selecionam cuidadosamente, na condição de conteúdo descritivo

e de formulação, aqueles que, por fim, decidirão mencionar em seus textos – pode-se dizer, portanto, que a escrita do texto histórico requer do historiador uma *política* referente ao enunciado, e que o texto é o resultado dessa *política*.[15]

E a razão pela qual, acrescenta Ankersmit, os historiadores são cuidadosos em relação a seus enunciados é que "esses enunciados, quando considerados em conjunto, determinam a 'imagem' daquela parte do passado que eles pretendem apresentar aos seus leitores como uma *proposta* sobre como figurar esse passado". E agora, mais uma vez, vemos o problema de tentar confirmar como sendo "objetiva" ou "verdadeira" qualquer imagem/apresentação/proposta resultante produzida dessa maneira, pois essas propostas (geralmente em forma narrativa) são de um *tipo* diferente – não de um *grau* diferente, mas um *tipo* diferente – dos enunciados singulares, de tal forma que *prová-las* é impossível. Porque, embora se possa dizer – para recordar – que os enunciados individuais de natureza *cognitiva* podem de fato ser verificados (ainda que *em relação* à maneira como foram postos em uma descrição) contra um vestígio evidencial distinto para ver se *correspondem,* as propostas sobre o passado nunca podem ser verificadas dessa forma, simplesmente porque o passado não tem em si propostas próprias em relação às quais qualquer combinação posterior possa ser verificada, às quais possa corresponder. Então, como argumenta Ankersmit, considerando-se que o mais importante na escrita dos historiadores pode ser encontrado não no nível do enunciado individual, mas no da apresentação textual proposta – no sentido de que é esta que estimula o debate historiográfico e, assim, determina, no transcorrer do tempo, as formas em que passamos a *imaginar* o passado historicizado –, parece-me que temos que concordar novamente com o ponto de vista dele (e de Hayden White) de que a "história" é sempre tão inventada/imaginada (as combinações, as propostas, a apresentação, as figuras...) quanto *encontrada* (os fatos...), e que as historicizações resultantes são "indelevelmente relativistas" e estéticas.

A seguir, Ankersmit consegue tirar uma conclusão importante dessa discussão sobre "enunciados e textos", qual seja, que dizer coisas *verdadeiras* sobre os vestígios do passado no âmbito do enunciado é fácil – qualquer um pode fazê-lo –, mas dizer coisas verdadeiras, coisas cognitivas, sobre os vestígios do passado no âmbito do texto é *categoricamente impossível* – ninguém pode fazê-lo. Porque os textos não são entidades epistemológicas empíricas, cognitivas, mas sim especulativas, convites proposicionais a imaginar o passado *ad infinitum*. Voltamos a Ankersmit:

> Se levarmos a sério o texto e as suas *substâncias narrativas*, vamos nos tornar pós-modernos; se enxergarmos apenas o enunciado, permaneceremos modernos. Ou, para expressá-lo em uma frase de efeito: o enunciado é moderno, o texto é pós-moderno.[16]

Já falamos demais de enunciados e textos. E, como você deve ter notado na citação anterior, Ankersmit introduziu o outro "conceito" do qual quero falar aqui: a ideia de "substância narrativa". Então, vejamos o que são "substâncias narrativas" e como elas ajudam ainda mais a subverter o *status* epistemológico do discurso histórico e, assim, manter as histórias abertas a refigurações e formatações intermináveis – a história não como uma epistemologia, mas como uma estética.

Talvez a melhor maneira de entrar nisso seja através da discussão de Ankersmit sobre o clássico artigo de W. V. O. Quine, de 1951, "Two Dogmas of Empiricism". No artigo, os dois dogmas que Quine examinou eram a crença empirista em alguma clivagem fundamental entre verdades que são *analíticas* – em outras palavras, verdades verdadeiras por definição, independentemente dos fatos (como dois mais dois ser igual a quatro) – e verdades que são *sintéticas* ou precisamente fundamentadas nos fatos, na realidade empírica. E a crítica de Quine a essa posição foi de que há enunciados verdadeiros que realmente se encaixam em ambas as categorias, de modo que uma combinação de enunciados analíticos e sintéticos é absolutamente *necessária* para que se produzam sentidos. Consequentemente, essa combinação *necessária* do analítico e do sintético significa, contra os opositores empiristas, que o discurso *sempre* traz juntos enunciados sintéticos sobre a "realidade" e enunciados analíticos que surgem de forma autorreferenciada, de práticas linguísticas. Mas o que, exatamente, tudo isso significa para o *status* do conhecimento histórico, já que é reconhecidamente uma questão difícil de entender à primeira leitura?

Ankersmit dá vários exemplos em seu texto para mostrar a importância do que Quine está dizendo, dos quais tomo apenas dois aqui e acrescento um meu para tentar explicar sua relevância.

O primeiro exemplo de Ankersmit é a lei de Newton, segundo a qual a força é definida como o produto da massa e da aceleração. Nesse caso, pode-se dizer que o enunciado é empiricamente "verdadeiro" (uma verdade sintética), porque está de acordo com o comportamento observado dos objetos físicos. Mas também podemos dizer que é uma verdade conceitual/analítica (verdadeira por definição, independentemente de como é o mundo empírico) e, portanto, "não" do mundo. E, para Ankersmit, a lei de Newton – seu sentido – é paradigmática em relação à forma como o sentido, em si, é *colocado* na "realidade" do nosso mundo, ou seja, através do uso necessário dos conceitos analíticos imaginários e não mundanos de força, massa, aceleração e do empírico (na medida em que entendemos o que agora é "empírico" como a manifestação de usos/práticas anteriores). E justamente porque esse componente analítico necessário é, por definição, "verdadeiro", *independentemente* de como é o mundo, esse ato de imaginação autorreferenciado significa que os sentidos são, mais uma vez, tão imaginados (o analítico) quanto encontrados (o sintético). Consequentemente, o cerne desse argumento para os historiadores é que, para desgosto do profissional empírico tradicional, o chamado conhecimento histórico jamais pode ser apenas do tipo cognitivo, empírico, sintético. A evidência "histórica" nunca dita nem *determina* necessariamente as categorias analíticas pelas quais é investida de significação, de modo que, sendo sempre uma mistura do imaginário e do concreto tornada real por meio das mediações que constituem efeitos de realidade, a base empírica para o conhecimento histórico – para a objetividade e a verdade no âmbito do texto – desmorona. A história *não é* – e é necessário continuar repetindo isso – uma epistemologia. É claro, diz Ankersmit, pode-se ver por que os historiadores são atraídos pela ideia de que a "evidência histórica" dita, *sim*, qual apresentação o historiador deverá propor sobre o passado. Porque apenas com base nessa premissa se pode operar o argumento (como fazem Marwick ou Evans) de que nada de muito interesse acontece no caminho entre a evidência e o texto. Mas é claro que isso é completamente equivocado. Como vimos, na historicização do passado – na forma como é figurado, tropado, formatado, narrado etc. – *tudo* acontece à medida que a descrição se torna apresentação e o "referente desmorona para a apresentação", deixando-nos com a tarefa insolúvel de, em poucas palavras, tentar dizer onde, precisamente, termina a apresentação e começa a realidade ou onde termina a realidade e começa a apresentação; em qualquer dos casos, uma epistemologia que *pensa* que pode dizer isso fica deslocada; isto é, qual é a resposta para uma aporia como essa?

    Tudo isso pode agora ser ilustrado muito facilmente com um segundo exemplo de Ankersmit, para que não haja risco de não se entender. Pensemos, diz ele, em um estudo sobre o

Renascimento ou o Iluminismo. Aqui, assim como no exemplo de Newton, o estudo contém a base empírica/sintética para uma visão específica desses "fenômenos", bem como uma proposta de definição acerca deles. Como diz Ankersmit:

> Muitos historiadores escreveram livros sobre o Renascimento enfatizando diferentes aspectos do passado, e é por isso que produziram diferentes definições de Renascimento ou Iluminismo. E, se é assim que eles decidem definir Renascimento ou Iluminismo, tudo o que vêm dizendo sobre o assunto deve ser (analiticamente) verdadeiro, pois o que disseram pode ser derivado analiticamente do sentido que querem dar aos termos Renascimento e Iluminismo. Portanto, é uma "verdade" conceitual, assim como a lei de Newton pode ser interpretada como uma "verdade" conceitual. Consequentemente, não podemos distinguir entre verdades *de dicto* e verdades *de re*, e, assim, o tipo de critérios decisivos para o "sentido" não é redutível a questões de verdade ou falsidade. Pois essa é essencialmente uma decisão sobre qual conjunto de "verdades" podemos preferir quando estamos procurando o melhor relato sobre as partes relevantes (para nós) do passado. Aqui, a verdade não é o árbitro do jogo, e sim o seu prêmio, por assim dizer.[17]

Acrescento agora uma ilustração minha, para sublinhar o argumento de Ankersmit. Examinemos os anos 1960 na Grã-Bretanha, e digamos que toda uma gama de historiadores concorde na descrição sobre esse momento e sobre o que poderia ser chamado de *fatos* (a sintaxe) dos anos 1960. E então eles têm que tratar de como apresentar os anos 1960 em termos de sua significação, seu sentido, sua semântica. Foi, digamos, uma década de trauma ou anos de banalidade? Ou de alegria? Ou foi *realmente* uma década preguiçosa, uma espécie de década (sono)lenta? Ou esses anos foram *realmente* os *Swinging Sixties*? A forma como os eventos dos anos 1960 se deram permanece exatamente a mesma – eles são sinteticamente/empiricamente finitos –, mas as maneiras com que são transformados no material de narrativas históricas dotadas de sentido são infinitas. Ou seja: como se poderia saber definitivamente, apenas pelo trabalho empírico, que os anos 1960 foram realmente abertos e animados em vez de sonolentos? Logo, para Ankersmit, a substância das narrativas históricas (o que ele chama de *substâncias narrativas*) é organizada e, portanto, constituída, precisamente pelo uso de nomes próprios como Iluminismo, Renascimento, *Swinging Sixties*, Crise do século XVII, Revolução Industrial etc., conceitualmente, analiticamente, por definição, independentemente das condições reais do passado. Ankersmit explica isso em um parágrafo realmente fundamental, que situa com precisão o *status* do "passado" na história:

> Portanto, noções como Renascimento e outras devem ser consideradas como os nomes *analíticos* de substâncias narrativas, e assim, no que diz respeito à referência, é preciso negar-lhes a capacidade de se referir a qualquer coisa fora do texto: elas se referem apenas a substâncias narrativas, isto é, um conjunto de enunciados contidos pelo texto. Pois o que impede essas substâncias narrativas de fazer referências que estejam fora delas mesmas é o fato de que o Renascimento, por exemplo, não existiu realmente para que se possa fazer referência a ele dessa forma. Igualmente, o Iluminismo é um conceito performativamente produzido ao se *associarem* os *enunciados internos* do texto e, portanto, nada há fora deles a que eles possam se referir. O que significa que as substâncias narrativas só são analiticamente "verdadeiras" *através* dos enunciados internos dos textos e nunca são externamente (sinteticamente) verdadeiras, porque não existe Iluminismo "lá fora" para que elas correspondam a ele *antes* de a substância narrativa criá-lo como nome coletivo/próprio para o *seu* conjunto de enunciados.[18]

É claro que, conclui Ankersmit (e isso é responsável pela forma como se considera que termos como "Renascimento" se referem à realidade), se uma substância narrativa passa a ser amplamente aceita pelos historiadores, por vezes, é *como se* existisse realmente algum Renascimento lá fora e ele tivesse sido *descoberto*. Mas tudo o que está realmente acontecendo aqui é a aceitação generalizada de uma forma *proposta* de pensar através de uma categoria analítica que, em última análise, é arbitrária; nada mais. E é dessa posição que Ankersmit tira três conclusões específicas.

Primeira, como não há passado que jamais nos tenha sido dado *claro*, contra o qual possamos comparar Renascimentos imaginados de forma diferente para ver qual deles corresponde à concretude passada em si, então o passado em si não tem absolutamente qualquer papel a cumprir no discurso histórico.

Do ponto de vista do conhecimento histórico, o "passado" é uma noção inútil. "Historicamente falando", os textos, como combinações do sintético e do analítico, são tudo o que temos, e só podemos comparar textos com textos. A intertextualidade – e não o passado em si – sempre é, mais uma vez, a questão de fundo interpretativa e problemática.

Em segundo lugar, Ankersmit chama a atenção para como a referência histórica é conseguida através da aplicação/atribuição de *substâncias narrativas*. E é importante continuar enfatizando isso. Porque, embora, quando pressionada, a maioria dos historiadores concorde que não existem narrativas no passado, eles geralmente sustentam (ou trabalham com a premissa de) que "o passado" traz dentro de si sua própria coerência e que ela pode ser, pelo menos, "refletida". E Ankersmit diz que não é assim, pois nossas histórias nada refletem – nenhuma unidade de significação, nenhuma correspondência, nenhuma coerência. Em vez disso, são as narrativas dos historiadores que dão coerência. Pois, assim que vamos além do enunciado isolado e passamos a conjuntos de enunciados e, em seguida, percorremos todo o caminho até tropos, tramas, dispositivos argumentativos e posições ideológicas, qualquer coerência nas histórias só pode ser alcançada através da coerência de procedimentos linguísticos. A substância histórica, conclui Ankersmit, "não deve ser concebida como parte da [realidade] histórica, mas como algo que tem origem na linguagem: a *substância* do historiador é, portanto, uma *substância narrativa*, e sua coerência *não* é encontrada, e sim *produzida* no texto do historiador e por esse texto". Evidentemente.

Em terceiro lugar, o incessante fluxo interpretativo que resulta dessa condição faz parte da liberdade política. Para que a liberdade exista, deve haver – como vimos no capítulo "Tempo(s) de abertura" – escolhas, decisões e, portanto, oportunidades permanentes para essas decisões. Assim, se houvesse apenas uma interpretação do passado, obviamente, ela já não seria uma interpretação, mas *a* verdade. E teria, portanto, que ser aceita, exceto por aqueles que gostassem de ser dissidentes – e estivessem preparados para ser tratados como tal. Aqui, a "verdade" gera enunciados de todos os tipos. Politicamente, portanto, não é dos relativistas descontraídos que precisamos ter medo, mas de pessoas, ou instituições, ou Estados, que afirmam conhecer a verdade das coisas, em um nível realmente irredutível de interpretação/apropriação. E, assim, a liberdade interminável de interpretação/apropriação é novamente vista como uma "coisa boa"; na verdade, retornamos a Derrida e aos argumentos do capítulo "Tempo(s) de abertura".

Vivenciando o "antes do agora"

> Uma sucessão de avanços objetivos pode nos levar a uma nova concepção de realidade que deixe cada vez mais para trás a perspectiva pessoal ou meramente humana. Mas, se o que queremos entender é o mundo inteiro, não podemos nos esquecer indefinidamente desses pontos de partida subjetivos; nós e nossas perspectivas pessoais pertencemos ao mundo.
> (Thomas Nagel, *The View From Nowhere*)

Acredito que os argumentos precedentes – que sublinham repetidas vezes que a história não é uma epistemologia e que, no âmbito do texto histórico, a objetividade e a verdade não entram em questão – são o mais convincente que os argumentos podem ser. Mas tais argumentos levantam a questão de como, se ainda desejamos fazê-lo, podemos vivenciar o "antes do agora" em qualquer sentido importante. Ankersmit, a propósito, escreveu perceptivamente sobre essa área e, portanto, quero resumir neste momento apenas um pouco do que ele tem a dizer antes de relacionar tudo isso – por meio de uma história baseada na experiência, que não é de Ankersmit – ao tema deste livro como um todo; minha própria história funciona como uma espécie de conclusão...

De acordo com Ankersmit, então, uma proposta histórica, uma apresentação histórica, é, essencialmente, um substituto – uma *coisa* – que funciona como um objeto em si, no lugar de um objeto concreto ou ausente; assim, uma pintura de um vaso de flores é um substituto de um vaso de flores real; a estátua de um cavalo, de um cavalo real. Da mesma forma, como nem o passado, nem os seus traços podem se apresentar como história, os historiadores fazem isso por eles. Para que o "antes do agora" entre – seja transformado – em nossa consciência como uma história, como vimos, tem que fazê-lo por meio de uma substituição textual, um simulacro. O que significa que o fenômeno e sua apresentação estão em diferentes categorias do ser. Pois um substituto nunca é, afinal de contas, a coisa concreta, a "coisa real": a pintura de um vaso de flores não seria uma pintura se realmente fosse um vaso de flores, uma história simplesmente não seria uma história se fosse concretamente "o passado", e essa diferença é permanente, ou seja, ontológica. Não há maneira de o passado, como passado, vir a ser, ele próprio, uma história.

Ankersmit vê pelo menos duas consequências decorrentes disso. Em primeiro lugar, embora as noções tradicionais de epistemologia vinculem palavras a coisas, uma apresentação vincula as coisas (neste caso, o texto é uma coisa) a coisas (neste caso, "o passado").

Portanto, o texto é tanto um objeto no mundo quanto a "coisa" que retrata, ou até mais. Assim, no âmbito do texto histórico, nunca se devem comparar "palavras com coisas", como faz a epistemologia tradicional, mas apenas comparar "coisas com coisas"; e isso só pode ser feito *metaforicamente*... este objeto, esta pintura, *como se* fosse um vaso de flores, o objeto, o texto, *como se* fosse "o passado"... De modo que quaisquer perguntas que se façam sobre o *status* de conhecimento desses fenômenos sejam, mais uma vez, metafóricas e, portanto, figurativas; perguntas formatadoras e, portanto, estéticas (de estilo, de desenho). E, em segundo lugar, por causa da diferença ontológica entre o objeto de nossa investigação e o artefato resultante, entre o passado como tal e o texto histórico, a precisão total, como se pode obter quando se comparam palavras e coisas no âmbito do enunciado singular, é inatingível. Como diz Ankersmit:

> A precisão total só pode ser alcançada se tivermos à nossa disposição algum padrão ou esquema geralmente aceito que determine como as palavras são ou deveriam ser relacionadas às coisas. Mas esses padrões ou esquemas epistemológicos geralmente estarão ausentes no caso da representação [...] no máximo, cada representação pode ser considerada uma proposta para que essa regra seja aceita em termos gerais.[19]

A apresentação, assim, nos leva novamente ao discurso da estética – de imagens, olhares, perspectivas, impressões, sensações, sentimentos, desejos, apreciações; do figurar e refigurar. E acredito, como Ankersmit, que essa é uma boa maneira de pensar sobre tais artefatos imaginativos e estetizados que chamamos de textos/livros de história. Porque a estética nos libera para novas formas de imaginar.

E isso me permite levantar mais uma questão importante: os textos escritos têm, afinal de contas, algo de muito literal que dá aos seus leitores a forte impressão de que é possível esperar que as "palavras" sejam algo que se possa entender "corretamente". Esperamos que as palavras – e até mesmo os textos – sejam, de algum modo, certas, precisas, até mesmo verdadeiras, mas não esperamos isso de uma pintura. Imagine vários pintores – Gainsborough, Turner, Picasso, Warhol, Hockney –, todos pintando as mesmas duas pessoas contra o mesmo pano de fundo cênico. Poderíamos esperar, por um momento sequer, que elas fossem idênticas – na verdade, quereríamos isso? Claro que não. O que esperamos e o que sempre teremos são cinco apresentações muito diferentes, todas adequadas do "ponto de vista" individual do pintor, que reconhecemos como a assinatura pessoal de cada um, pois eles têm suas preferências.

Se pedíssemos que cinco historiadores – Christopher Hill, Natalie Zemon Davis, Norman Stone, Cornel West e Simon Schama – dessem suas "impressões", por exemplo, sobre a Revolução Francesa de 1789, com base em um conjunto acordado de traços, não esperaríamos, nem por um momento, que elas fossem iguais. É claro que todas serão histórias (assim como todas as pinturas serão pinturas) e, assim, vão ter a comodidade reconfortante de, no mínimo, ser isso. Mas podemos esquecer essa segurança problematizando a própria forma da história (como vimos em nosso exemplo sobre Lyotard no capítulo "Tempo(s) de abertura"), restando-nos, em seguida, descrever "o antes do agora" de formas reconhecíveis, ou não, segundo o nosso desejo.

No final de seu livro *Metahistory*, Hayden White argumenta o mesmo. Situados, como estamos, ele escreve,

> diante das visões alternativas que os intérpretes da história oferecem à nossa consideração, e sem qualquer [...] fundamentação teórica para preferir uma visão à outra, somos levados de volta a razões morais e estéticas para escolher uma versão em detrimento de outra, como a mais "realista". O velho Kant tinha razão: em suma, somos livres para fazer do passado o que quisermos [...] em qualquer modalidade de consciência que seja mais coerente com [nossa] própria aspiração moral e estética.[20]

Com efeito, então, o que faz com que todos prefiramos um tipo de consciência histórica – um modo de ver, olhar, ler, escrever, ser – em detrimento de outro é nosso *próprio* entendimento, um entendimento obtido, no final das contas, de nossas experiências singulares.

Nossas próprias experiências. Experimentar "o passado", o "antes do agora" historicizado. Como funciona? É evidente que há um sentido em que se pode re-lembrar a própria vida, nosso próprio "tempo de vida" (*lifetime*, uma expressão interessante, que merece muita atenção), mas, mesmo assim, sempre de maneira imperfeita e constantemente passível de revisão (isso porque simplesmente pensar em um evento e, em seguida, pensar sobre ele novamente o torna, à luz de nosso primeiro pensamento sobre ele, diferente – *iterado*). Assim, como você experimenta "o passado", o "antes do agora", acontecido há muito tempo – digamos, alguns aspectos da "Europa" no século XIII ou XVIII?

E, claro, a resposta a essa pergunta é evitar pensar literalmente. Pois falar sobre experimentar esse tipo de "antes do agora" não é falar sobre experimentar os séculos XIII ou XVIII reais, mas sua presença historiográfica, a presença do ausente nos textos, o único lugar onde ele pode estar. E, então, a pergunta, convenientemente deslocada da realidade passada para textos existentes atualmente, é: como você experimenta as várias apresentações textuais de forma a preferir um relato, ou um conjunto deles, a outro, ao resto? E aqui, sua experiência pessoal é tudo que você tem; por uma razão ou outra, você decide que simplesmente prefere E. P. Thompson a Geoffrey Elton, Hayden White a Richard Evans... algo se conecta. Mas o quê? E tudo que posso dizer é que alguma coisa na vida da pessoa, algo em suas experiências, algo finalmente indecidível em seu(s) humor(es), disposição(ões), sonho(s) e imaginação, faz com que se goste disso e não daquilo, com que se decida dessa forma em vez daquela.

Não há nada de incomum nisso. É assim que vivemos nossas vidas. Então, para ver como funciona, deixe-me recorrer a algumas analogias com o que imagino não ser uma situação estranha a muitas pessoas – a única coisa que você pode fazer quando não é dada outra explicação... "pensar nas coisas assim...".

Digamos, então, que você marque de se encontrar com uma pessoa – digamos, uma mulher – por quem recentemente se apaixonou, em frente à National Gallery, em Londres. Digamos que ela esteja atrasada. Durante o tempo que você a espera – que parece uma eternidade, mas são apenas 15 minutos (assim é a "temperamental" fenomenologia do tempo) – talvez centenas de pessoas passem por ali caminhando. Mas quem sabe? Você nem as vê. Algo em sua expectativa – expectativa refratada através de suas experiências anteriores – as apaga da cena. Essas pessoas não são para você, embora possam ser para outras; para outras, elas são mães, pais, irmãos, irmãs, filhos, filhas, amantes, inimigos, colegas, amigos, o vizinho do lado. E se suas experiências tivessem sido diferentes, uma delas poderia ser a pessoa que você está esperando. Mas elas não são. E então você a vê. Suas experiências entenderam direito: você a encontraria em meio a qualquer multidão no mundo. E digamos que vocês tenham marcado de se encontrar ali porque pretendem visitar juntos a National Gallery. E digamos que o façam. Você já fez isso antes, mas essa é uma experiência totalmente nova, você vê as coisas de maneira diferente dessa vez; ela está com você. E então você olha os quadros. Mais uma vez. Centenas deles. Algumas das melhores pinturas já produzidas, tecnicamente brilhantes, evocando coisas diferentes, talvez obras-primas e, em certo sentido, todas "igualmente boas". Mas, ao sair do museu e falar sobre os quadros, você diz que, na verdade, só gostou de dois ou três, só alguns o atraíram. E, para ser honesto, só um realmente o tocou. Por alguma razão, que você não consegue entender exatamente, para você, hoje, apenas "x" é digno de lembrança; só ele evocou a experiência que você queria. Você nem viu muito o resto. Talvez amanhã, em circunstâncias diferentes, "ele" não "apelaria". Mas o quadro, em um sentido muito real, não vai ter mudado; você vai. E assim continua, indefinidamente. Essas experiências podem incluir elementos epistemológicos, mas não podem ser reduzidas a eles; podem incluir elementos cognitivos, mas eles não são decisivos. Não. Em casos como esses, não há em operação "verdade verdadeira", "objetividade objetiva", "neutralidade neutra", "absoluto absoluto", "estética universal", apenas experiências: experiências destiladas, formatadas, figuradas, expressas, vividas, apenas gostos, apenas preferências. Essa é a questão de fundo, uma questão incapaz de sustentar qualquer coisa com certeza; mas capaz, no entanto, de manter uma vida singular, única.

Assim, o velho Kant realmente tinha razão, nós somos livres o suficiente para fazer das coisas o que quisermos, para colocar as coisas sob signos que o próprio ato de colocar torna sign(o)ificante. Assim, que tipo de coisas novas o signo da história pode portar; que novas significações podem ser sugeridas; que refigurações alternativas existem para experiências que, de forma nenhuma, surgem do nada, mas que não são tão profundamente arraigadas a ponto de ser muito conhecidas; e o que nos espera, a pessoas como nós?

Começar de novo:
das disposições desobedientes

> A esperança da [poeta forte] que encontrou uma maneira de descrever esse passado que o passado nunca conheceu e, assim, encontrou um *self* que seus precursores nunca souberam ser possível [...] é que, o que o passado tentou fazer a ela, ela vai conseguir fazer ao passado: fazer com que o próprio passado, incluindo os próprios processos causais que marcaram cegamente todas as suas condutas, tenha a marca *dela*. O sucesso nesse empreendimento – o empreendimento de dizer ao passado "Foi assim que eu quis" – é sucesso no que Bloom chama de "dar à luz a si mesmo".
> (Richard Rorty, *Contingency, Irony, and Solidarity*)

Começo com um resumo de um parágrafo.

Pense em uma história que exista no mundo do historiador profissional acadêmico adequado, firmemente enraizado no meio intelectual em que a maioria está enraizada, na esfera do "real". Essa história – já devemos conhecê-la bem a esta altura – será realista de maneira tranquilizadora e comunicativa, obviamente, e também, creio eu, empirista, factualista, objetivista e, com sua ênfase que privilegia as fontes primárias (portanto, "originais" e "autênticas"), fortemente documentista. Essa história vai ser estudada pelo passado em si, e não por nós; nos termos do próprio passado, e não nos nossos.

E, assim, de forma não anacrônica e desinteressada, em vez de ideológica e centrada no presente (como se as histórias não anacrônicas fossem possíveis e como se o desinteresse não fosse mais uma posição), o fluxo interpretativo persiste, mesmo tendo em conta essas restrições à "verdade no final da investigação" que são acomodadas ao passar como um sinal de liberdade acadêmica de maneiras que reforçam aquelas noções de abertura liberal (como se essa tolerância não se transformasse em uma ideologia intolerante ao ter que lidar com aqueles que não desafiam apenas seu suposto conteúdo, mas também suas formas – ponto no qual nos encontramos com a linguagem acusatória do "extremismo").

E essa história vai se orgulhar de sua linguagem robusta e direta, com transparência para comunicar de forma coerente e ordenada o "antes do agora" coerente e ordenado – tudo isso sem perceber plenamente que tais coerência e ordem estão lá apenas por cortesia da relativa coerência da linguagem como tal, que, quando curada até se tornar uma forma narrativa plena de sentido, dá essa mesma forma – a narrativa – a falta de forma do "antes do agora", sendo assim a substância resultante dessa produção literária – a história – construída, estruturada e, portanto, constituída linguisticamente. Essa história – uma história moderna do gênero acadêmico – dificilmente irá se reconhecer como produto de tais substâncias narrativas; mas o é, assim como o são todas as histórias. E são as histórias de reconhecimento equivocado como essa, que estão, sem dúvida, fora de moda.

Portanto, pensemos novamente. Comecemos de novo. E pensemos, desta vez, em formas pós-modernas. Pressuponhamos que, se *a história é apenas nós, lá atrás,* projetando a nossa voz, então, essa história, como qualquer outra, inevitavelmente será constituída e entendida em virtude de ter as mesmíssimas características pelas quais nos constituímos e nos entendemos. E pensemos agora no tipo de características que nós, os habitantes da pós-modernidade – nós, subjetividades pós-modernas em processo –, temos, "gostemos ou não, saibamos ou não". E pensemos nas possibilidades que isso abre para uma reconfiguração do "antes do agora" para além de figuras modernistas.

Assim (e isso volta às minhas observações iniciais sobre "sujeitos em processo" na Introdução), esses "sujeitos" se consideram constituídos performativamente, de modo que estão sendo constantemente feitos e re-feitos, lidos e re-lidos, escritos e re-escritos, de forma incessante e interminável. Esses sujeitos vão se considerar sempre temporal e espacialmente posicionados e reposicionados, mas sem qualquer fixação, âncora fundacional, natureza intrínseca ou sentido interno, propósito ou destino cognoscível; então, descentrados e fragmentados, produto ocasional de um re-instituir de normas que são radicalmente contingentes, continuarão sendo basicamente mistérios, inclusive para si mesmos. Esse é um *self* ocasional mantido unido naquilo que só pode ser uma unidade fictícia, que, espera-se, permitirá o desenvolvimento de práticas de enfrentamento suficientes, de tal modo que se possa sobreviver de formas consideradas desejáveis de várias maneiras.

Consequentemente, esse é um *self* que vai entender "o antes do agora" (assim como entende o presente e o futuro) como sendo ocasionalmente passível de ser apropriado e enfrentado em virtude dessas mesmíssimas características. Então, esse "antes do agora" é considerado inatingível em sua totalidade e relativista em suas partes, infinitamente legível e re-legível, escrevível e re-escrevível, comprovadamente contingente e casual, e, assim, um tipo ao qual só se pode dar forma, estilo ou sentido (figura) histórico por meio de uma série de decisões interpretativas, perspectívicas, que são, em última análise, indecidíveis (aqui nos encontramos, de novo, inevitavelmente, com a derridiana "indecidibilidade da decisão"), de modo a produzir algum tipo de unidade que é claramente uma solução ficcional, um ato da imaginação; na verdade, algo claramente *fabular*, isto é, algo que é contado, narrado, não tendo existência "real" fora do conto, do contar. Um produto, que é, de forma muito literal, autorreferente.

E, agora, pense nesse *self* de uma forma positiva e otimista, através da ideia do *outsider*. Ou seja, pense nesse tipo de *self* como um *self intelectual*, que faz o tipo de crítica intransigente àquilo que está dentro, ao *status quo*, o que Edward Said argumenta em seu *Representações do intelectual*, ser exatamente o papel do intelectual. Para Said, o intelectual é um tipo específico de pessoa. Uma pessoa dotada da capacidade de representar e formular uma mensagem esperançosa, intransigente e emancipatória. Uma pessoa cujas obras têm uma qualidade radical e sustentada. Uma pessoa que fica feliz ao levantar questões constrangedoras, ao não aceitar "não" como resposta, ao confrontar implacavelmente dogma e ortodoxia e ao manter em foco "as pessoas e questões que são continuamente esquecidas ou varridas para debaixo do tapete".[1] É uma pessoa que gosta de nunca estar totalmente ajustada, de existir além da "realidade" banal e inconsequente habitada pelos nativos, de permanecer imune à acomodação; uma pessoa *desobediente* e incooptável. É uma pessoa que não só aceita o destino invariavelmente atribuído por vários *establishments* a essa condição tão problemática (o *status* de *exílio* relativo), mas que também o recebe de bom grado. Que aceita que a sua falta de jeito, seus "ângulos de visão excêntricos" e sua falta de disposição para seguir caminhos estabelecidos dão uma liberdade e uma integridade que fazem com que ela nada deva a quem quer que seja e esteja pronta para aceitar as consequências dessa posição: a de que uma pessoa nunca deve se acomodar, ser totalmente aceita, estar inteiramente confortável, "estar satisfeita com o que tem", que uma pessoa realmente aprecia ser, como diz Rilke, "um eterno iniciante em suas circunstâncias".[2] E pensemos nessa posição como aquela que permite expressar suas crenças, tanto no discurso mais estreito em que você está principalmente envolvido (a história) quanto em termos mais gerais, políticos, e conectar essas duas coisas.

Em seu livro *Ethics: an Essay on the Understanding of Evil*, Alain Badiou formula uma maneira de pensar que ajuda a tornar a ocupação dessa posição intelectual sempre positiva. Para o autor (o que não surpreende para um pensador francês – embora o próprio Badiou justaponha sua posição *contra* as de Derrida, Levinas et al.), é necessário pensar na esfera da ação humana dividida entre duas subesferas muito diferentes, mas sobrepostas: o reino "comum", de diferenças e interesses estabelecidos, de conhecimentos aprovados que servem para dar nome, reconhecer e *situar* identidades consolidadas, e um reino "excepcional", de inovações singulares, "que só persistem por meio da proclamação militante daqueles raros indivíduos que se constituem como *os sujeitos* de uma verdade [uma posição inovadora], como os 'militantes' de sua causa".[3]

Como funciona essa ocupação militante de uma "verdade" (ou, como li aqui, essa ocupação militante de uma "posição" inovadora, sustentada reflexivamente), como ela pode ser alcançada? Bem, para Badiou, tal ocupação só pode começar com algum tipo de *ruptura* com o "normal" e o estabelecido, por meio do que ele chama de *evento*. Esse *evento*, diz ele, não tem conteúdo verificável, seu acontecimento não pode ser provado, mas somente, à luz da nossa *experiência* com ele, entendido, afirmado e proclamado; uma nova posição que, a seguir, persiste em virtude de uma atitude de fidelidade em relação a ele, de compromisso com ele, um compromisso que equivale a algo como um entusiasmo desinteressado, absorção em uma tarefa ou causa atraente, uma sensação de euforia, de ser pego em algo que transcende [metaforicamente] todas as preocupações mesquinhas, privadas ou materiais [...] de se *manter fiel* a um princípio, uma pessoa ou um ideal.[4]

E também de uma atitude ética diante do evento, entendendo-se ética aqui como aquilo que ajuda a literalmente *encorajar* o *sujeito* a "continuar", a não "abrir mão de seu desejo", a ter uma devoção altruísta e desinteressada a uma causa. Esses eventos são, portanto, os catalisadores imediatos que realizam tendências anteriormente em desenvolvimento e concretizam insinuações anteriores de uma posição que, uma vez conquistada, é mantida firmemente.

Como diz Badiou:

> Chamarei de "verdade" [posição] o processo real de uma fidelidade a um evento: o que essa fidelidade *produz* na situação. Por exemplo, a política dos maoistas franceses entre 1966 e 1976, que tentou pensar e praticar dois eventos entrelaçados: a Revolução Cultural na China e o Maio de 68 na França. Ou a chamada música "contemporânea" [...] que é fidelidade aos grandes compositores de Viena do início do século XX. Ou a geometria algébrica dos anos 1950 e 1960, e assim por diante. Essencialmente, uma verdade [posição] é o curso material traçado, dentro da situação, pela *suplementação do evento* [...] desde a decisão de se relacionar dali em diante até a situação a partir *da perspectiva do seu suplemento ao evento* [...] É, assim, uma *ruptura imanente*. "Imanente" porque uma verdade surge *na* situação, e em nenhum outro lugar — não existe [base] das verdades. "Ruptura" porque aquilo que permite o processo da verdade [posicionamento reflexivo] — o evento — nada significa de acordo com a linguagem predominante e o conhecimento estabelecido [...][5]

Essa inovação, essa verdade, essa posição, que *"faz um furo' nos conhecimentos estabelecidos"*, produz uma posição que é, por assim dizer, *induzida* pelo *evento* (segundo Rorty, a noção de "dar à luz a si mesmo"), após o qual é preciso refazer as próprias maneiras anteriormente normais de ser e as transformar em *novidade*:

> Está claro que, sob o efeito de um encontro amoroso [evento], se quero ser *realmente* fiel a ele, devo reformular completamente a minha maneira normal de "viver" a minha situação. Se eu quiser ser fiel ao evento da "Revolução Cultural", devo pelo menos praticar a política [...] de uma forma totalmente diferente daquela proposta pelas tradições socialistas e sindicais. Novamente, Berg e Webern, fiéis ao evento musical conhecido pelo nome de "Schoenberg", não podem continuar com o neorromantismo de "fim de século", como se nada tivesse acontecido. E, depois dos textos de Einstein de 1905, se eu for fiel à sua novidade radical, não posso continuar a praticar a física dentro de seu marco clássico, e assim por diante. Uma fidelidade marcada pelo evento é uma verdadeira ruptura (pensada e praticada) na ordem específica em que o evento ocorre (seja ele político, amoroso, artístico ou científico).[6]

E assim, se quero ser fiel aos "pós" – ao pós-estruturalismo, ao pós-colonialismo, ao pós-feminismo, ao pós-modernismo – não posso, de boa-fé, continuar estruturalista, colonialista, feminista, modernista... tenho que romper com essas posturas, cometer um ato de infidelidade. Tenho que ser leal ao novo. Não leal, é claro, no sentido de recusar a me mover de novo – pois, em Badiou, o esforço de impor uma posição ou verdade total ou incondicional é considerado "mau". Mas fiel à nova posição que completa a ruptura com o velho, fiel às suas possibilidades e fiel à ideia de retrabalhá-las interminavelmente, exceto pelo fato de que, concordando com Derrida, nunca se desiste da grande narrativa ficcional "fundamentadora"... aquela grande *fábula* da emancipação.

Continuemos, agora, aprofundando a reflexão nessa linha. E, dessa vez, pensemos nas possibilidades para a refiguração interminável aberta pela natureza fabular das histórias. Em seu *The Ilusion of the End*[7] (que, se "fizer um furo na realidade", se for percebido como um texto que não faz sentido ou é nulo do ponto de vista daqueles que dominam a situação, poderá ter *status* de "evento"), Jean Baudrillard argumenta que o fim da ilusão do fim (ou seja, o fim da ilusão de que o "antes do agora" anterior à historicização tinha *em* si um fim), do fim daquilo que jamais passou de uma simulação de um passado linear como história, oferece-nos, pelo menos, a possibilidade de imaginar o que ele chama de "reversibilidade poética dos eventos", precisamente por causa das possibilidades ainda inexploradas contidas nos jogos de linguagem específicos que habitamos; e, no entanto, ainda podemos pensar a novidade ao buscarmos ir além deles, rompê-los e romper com eles. Pois hoje reconhecemos claramente que, como vimos, só a gramática da nossa língua nos permitiu criar, para começo de conversa, historicizações gramaticais (ou seja, coerentes) do "antes do agora"; ela não nos permitiu descobri-los. Hoje reconhecemos, relembrando, que o mundo sempre obedece a nossa sintaxe e que "suas" semânticas são sempre apenas as nossas. E, assim, pensemos agora em uma gramática diferente, uma sintaxe diferente, que possa dar origem a diferentes formas de ordenar as coisas, a novas figuras sintáticas/semânticas. E sigamos um pouco Baudrillard, à medida que ele desenvolve o que chama de uma nova poética da "história", comentando-a de passagem.

Para Baudrillard, "o antes do agora" nunca se desenvolveu de forma (digamos) linear, como parte de algum tipo de estrutura inerente ou de acordo com algum tipo de processo evolutivo ou narrativo: o "antes do agora" nada sabe das nossas geometrias.

A linearidade é, portanto (como todas as outras figuras que portam a insígnia do realismo), uma ilusão derivada de outra ilusão, ou seja, de que a linguagem também se desenvolve de forma linear. Porque isso não acontece. Linguisticamente, tudo se move em ciclos, tropos, inversões de sentido. Discursivamente, linguisticamente, as coisas não se relacionam entre si de forma lógica, exceto em linguagens artificiais (por exemplo, a digital), que são, por isso mesmo, "precisamente, não linguagens".

Nesse caso, diz Baudrillard, não poderíamos transpor livremente novos jogos de linguagem para o fenômeno do "antes do agora"; quero dizer, é óbvio que não há coisa alguma que nos impeça. E não apenas transpor as grandes figuras da metáfora (metonímia, sinédoque, ironia), mas também aqueles "jogos pueris, formalistas [...] que fazem a delícia da imaginação vulgar: *anagramas, acrósticos, spoonerismos, rima, estrofe* e *catástrofe*".[8] Nesse caso, argumenta Baudrillard, será que não poderíamos imaginar e construir, por exemplo, uma história *anagramática*, "na qual o sentido fosse desmembrado e espalhado ao vento, como o nome de Deus no anagrama"? Ou uma história *rimada*, que pudesse ser lida em qualquer direção. Não poderíamos pensar no "antes do agora" organizado na estrutura de um *acróstico* (em que as letras iniciais e finais das linhas se tornam palavras e sentidos diferentes, independentes e inderiváveis a partir das palavras – conteúdo – entre elas). Ou na forma de estrofe, em que um grupo de linhas é separado do resto de um poema para formar uma ideia de sentido, que não é derivada a partir do contexto imediato ou do poema completo (pensemos em micro-histórias)... e assim por diante. Será que é mesmo possível, indaga Baudrillard, que tais formas, que chamam a atenção para as maneiras como a realidade material está organizada por meio da linguagem, atraiam o nosso olhar àquela linguagem e às maneiras como ela *materializa* em sentido o que, caso contrário, careceria de sentido? Na verdade, é possível que, ao "saber tudo sobre" essas grades organizadoras sintáticas artificiais e arbitrárias, possamos ver o mundo de forma nova e até mesmo enfrentar "a ilusão radical do mundo" despojados de nossas antigas metáforas e alegorias organizadoras e, portanto, prontos para ser re-alegorizados em novos sentidos... um processo que sabemos que podemos começar de novo, repetidas vezes? Bom, se isso fosse possível, seria, como diz Baudrillard, "a alternativa encantada à linearidade da história", a alternativa poética de refiguração, tão reflexivamente quanto possível, daquilo que já foi figurado naqueles "efeitos de realidade" dos quais nos esquecemos de que são meros efeitos e nos quais pensamos como se fossem realidade.

E, no entanto, devemos ter cuidado para, em nosso possível entusiasmo pelo novo, nunca nos esquecermos de que esses são apenas os efeitos do novo, de que não existe "realidade" aqui, exceto em virtude deles. Com Baudrillard, Elizabeth Ermarth alertou contra a possibilidade de nos imergirmos, mais uma vez, nas "profundezas do passado". Em vários artigos em que reflete sobre a possibilidade de ainda se fazer história quando seu aparato modernista de valores consensuais de neutralidade/objetividade foi abalado e seus fetiches epistemológicos e metodológicos desmontados, não apenas filosoficamente, mas também "pelo mundo pós-moderno", a autora se baseia na noção de um reconhecimento *antemiático* nas obras de Vladimir Nabokov e no termo antêmio. Para Nabokov, o termo se refere aos desenhos entrelaçados, semelhantes a flores, nos quais elementos e padrões chegam e retiram-se aparentemente de todas as partes, ocorrendo e reocorrendo sem repetição exata, mas que, ainda assim, produzem uma espécie de padronização rítmica, em que, para Nabokov, assim como para Ermarth, residem metaforicamente, "debaixo" desses ritmos, "intervalos indefinidos dentro dos quais estão as oportunidades e cuja soma constitui memória e experiência: experiência pós-moderna".

Dessa perspectiva, a recuperação do "antes do agora", pela qual se esforçam as histórias modernistas – "a tentativa de ter em mente o mundo inteiro", como diz Ermarth – é cada vez mais difícil, principalmente em um mundo multicultural e multinacional, desprovido de narrativas fundacionais grandes e pequenas, de modo que a alternativa *antemiática* parece não apenas atrativa, mas quase inevitável. Pois, nessa interpretação, diz Ermarth,

> O evento inédito e irrepetível é o começo potencial de um desenvolvimento antemiático, cada um deles, uma especificação de um potencial sistemático, cada um com seu padrão próprio e futuro possível. A soma desse desenvolvimento antemiático ao longo do tempo constitui o contínuo de uma vida individual. A ênfase antemiática recai justamente no momento presente, *não* como local de transferência entre passado e futuro, mas como ponto de crescimento de um antêmio imprevisível de uma vida. Cada sequência tem suas próprias *gramáticas* e especificações possíveis, seu próprio passado e sua trajetória.[9]

Baseando-se no primeiro capítulo de *Transparências*, de Nabokov, e, ao fazê-lo, acrescentando ao conceito de *antêmio* o de *refração*, Ermarth conta como o narrador adverte os novatos do livro – historiadores novatos, nesse caso – para que evitem se afundar nas profundezas do passado historicizado, no estilo modernista, e continuem muito precisamente na superfície das coisas. Assim, Nabokov escreve:

> Quando nos concentramos em um objeto material, seja qual for a sua situação, o próprio ato da atenção pode levar ao nosso afundamento involuntário na história desse objeto. [Mas] os novatos [da história] devem aprender a deslizar so-

bre a matéria se quiserem ficar no nível exato do momento. Coisas transparentes, através das quais brilha o passado! [É claro que] objetos feitos pelo homem ou naturais, inertes em si, mas muito usados pela vida descuidada [...] são particularmente difíceis de manter em foco superficial: os novatos caem [facilmente] através da superfície [do agora] cantarolando felizes para si, e logo estão se deleitando com o abandono infantil na [história] dessa pedra, na [história] daquele pântano. Explico: uma fina camada de realidade imediata é espalhada sobre a matéria natural e artificial, e quem quiser permanecer no agora, com o agora, não deve romper sua tensão superficial, caso contrário, o inexperiente [novato da história] [...] vai se encontrar já não mais caminhando sobre a água, mas descendo verticalmente entre peixes que o observam de olhos arregalados.[10]

Para o quê, Ermarth interpreta Nabokov da seguinte forma:

Os poderes necessários para praticar a história destroem o passado ao afundá-lo; permitir que o passado se *refrate* através de "coisas transparentes" exige uma disciplina tão milagrosa como a de andar sobre a água, mas, no entanto, possível para o [historiador] novato [...] que aprende permanecendo no nível exato do momento, deixando que o brilho do passado transpareça. As "coisas" já não funcionam como antes nas gramáticas objetificadoras da modernidade; "as coisas" não são "objetos", e sim as ocasiões, as portadoras, os locais onde o ato de atenção pode ser realizado, onde a memória [experiência] sofre reiteradas inflexões, uma consciência imaginativa envolvida no processo de criação da poesia única e irrepetível de uma vida.[11]

Permitam-me agora interpretar Ermarth e trabalhar o seu comentário de que a nossa atitude em relação à historicização deve ser *refrativa*. Assim, vamos imaginar o passado como um meio de densidade diferente, no qual só podemos entrar obliquamente estando no presente: o que vemos sob e através da "superfície" nunca está no lugar certo, há sempre uma deslocalização (como quando colocamos um palito em um copo d'água). E, assim, veremos historicizações do passado exatamente como esses tipos de *fraturas*, como rupturas entre o agora e o então, que nunca podem ser – nem deveríamos jamais nos preocupar com que sejam – curadas até um sentido pleno, inteiro. Deixemos que nossa *atitude* em relação à ortodoxia histórica seja *refratária*, isto é, *mal-humorada, litigiosa, difícil, desobediente, polêmica, desrespeitosa, cabeça-dura, intratável, obstinada, teimosa*; corporifiquemos nosso dicionário de sinônimos. Que nos mantenhamos na superfície e deslizemos. Vamos burlar com os nossos tropos, fazer e desfazer tramas, figurar e refigurar em arranjos poéticos que resistam à codificação e à marcha fúnebre da ortodoxia... sejamos... sabe-se lá...

Para aqueles que conseguem pensar dessa forma – a forma pós-moderna de Baudrillard e Ermarth –, torna-se inconcebível agora pensar em uma consciência histórica que permaneça afundada nas profundezas da mentalidade realista/epistemológica dos historiadores modernos – ainda que *reflexiva*. O pós-modernismo, para essa maneira de pensar, não é uma espécie de moda nem algum tipo de discurso crítico que possa ser ignorado ou recuperado para a modernidade sob o disfarce de "interpretações pluralistas" quando os seus excessos forem eliminados, pois o pós-modernismo é os seus excessos; *o pós-modernismo é tudo o que a modernidade nunca poderá ser.* O pós-modernismo, como se entende positivamente aqui, é a obtenção de uma atitude, uma disposição militante, radical, que fragiliza não apenas o conteúdo, mas também as formas gramaticais das histórias modernistas sem uma pitada de nostalgia, e oferece, em seu lugar, em suas novas gramáticas e atos de atenção, novas formas de mostrar "o antes do agora" ainda não concebido. *Histórias e historiadores modernistas desvanecem e desaparecem aqui.* De modo que, para os modernistas que pensam que a história ainda é uma epistemologia em vez de um experimento discursivo reflexivo, estetizante, figurador, gramaticalmente promíscuo, *refrativo*, sem fundações – e que, para ela, o pós-modernismo não faz diferença –, tudo o que posso dizer finalmente é: pensem nisso. E depois relaxem. E, em seguida, aceitem. Quero dizer, por que não? Você não tem nada a perder além do seu passado.

CODA

Coda. Um pós-escrito. Um escrito posterior ao escrito que você acaba de ler, um *et cetera*. Um *et cetera* de um certo tipo. Porque quem escreve nunca tem certeza se, tendo "lido" o escrito, o leitor "pegou". "Pegar" não no sentido de fechar o escrito e tudo o mais, mas "pegar" o suficiente para saber qual a posição do autor e, portanto, de onde partir para seguir em frente. Assim, quero enfatizar três argumentos que tentam reunir algumas das implicações contidas aqui, pelo menos para mim.

O primeiro é sublinhar o fato de que os críticos das histórias pós-modernas costumam fazer aos proponentes destas os tipos de perguntas que – e esta é a questão – agora podem ser consideradas claramente como redundantes. São perguntas que, não importa como se façam, se resumem todas em preocupações com objetividade, desinteresse, verdade e relativismo e que, resumidas mais uma vez, efetivamente assumem a seguinte forma conhecida: se as histórias pós-modernas são discursos figurativos estéticos sem fundações, o que acontece com a busca da verdade no final da investigação? E a minha resposta é dizer que, se a noção de estética fosse realmente entendida, ninguém mais poderia fazer essa pergunta de caráter epistemológico. Não faz sentido. E isso pela razão inevitável de que não há por que esperar que uma estética seja capaz de responder a questões epistemológicas. Pois a diferença entre esses dois fenômenos é justamente uma diferença ontológica, isto é, estéticas e epistemologias são diferentes não em grau, mas em espécie. E isso explica por que a ruptura entre as histórias modernas e pós-modernas não é uma "ruptura epistemológica" (que parece permitir a possibilidade de que um dia elas possam ser "juntadas" e cicatrizadas), mas uma diferença permanente, pois incomensurável.

Em segundo lugar, portanto, resulta que não há por que pensar que as ideias pós-modernas – ideias sobre linguagem, representação, narratologia etc. – possam ser de alguma forma enxertadas em histórias modernas que lhes possam permitir superar "críticas" pós-modernas e, assim, sobreviver intactas. Porque isso não é possível. A ruptura entre a modernidade e a pós-modernidade é tão significativa, penso eu, como aquela entre o medieval e o moderno, assim como é inconcebível pensar que os modernistas conseguirão sobreviver na pós-modernidade mais do que se podia esperar que os medievalistas sobrevivessem na modernidade. São simplesmente mundos diferentes.

Além disso, também é um profundo equívoco dos historiadores acadêmicos pensar que os pós-modernos querem que o seu tipo de história epistemológica continue, e que podem até querer ajudá-los a continuá-la. É claro que é compreensível que esses historiadores, confundindo o seu gênero de história com o "verdadeiro", não consigam ver alternativa a suas práticas, mas os pós-modernos conseguem e o fazem, e esses avistamentos sinalizam o fim de um tipo de história e o começo de outros – ainda embrionários. A pós-modernidade oferece novos nascimentos.

Terceiro e último: de uma perspectiva pós-moderna, essa ruptura inevitável, embora compreensível "historicamente", em termos lógicos é uma ruptura que não deveria ter sido sequer feita. Isso porque, se as afirmações pós-modernas sobre o que é, pode-se dizer, a melhor maneira de caracterizar histórias – como discursos figurativos, estéticos – estiverem corretas, não significa que as histórias pós-modernas sejam os únicos exemplos de uma estetização do passado que se opõem às modernistas, que simplesmente não são estéticas. Pois, se a história como tal parece que sempre foi e sempre será uma estética, nunca houve histórias de qualquer outro tipo. Todas as histórias sempre foram e sempre serão discursos figurativos, estéticos; todas as histórias são, portanto, do tipo estético, que os pós-modernos elevam ao nível da consciência. O que é outra maneira de dizer que o pós-modernismo é a única opção. De modo que, para nós, chegar ao final das histórias epistemológicas é cair em si, por assim dizer. E assim, vamos aceitar esse cair em si; esse pensamento tão afortunado, que pode, neste momento, ser lançado: as histórias epistemológicas jamais deveriam ter existido; as histórias nunca deveriam ter sido modernas.

Notas

Introdução

[1] O pós-modernismo tem muitas definições diferentes. Neste texto, decidi pensar nele como "a era da aporia". Com aporia, quero dizer que esta é uma época em que todas as decisões que tomamos – políticas, éticas, morais, interpretativas, representacionalistas etc. – são, em última análise, indecidíveis (aporéticas). Que nossas formas escolhidas de ver as coisas não têm fundamentações e, no que diz respeito a um discurso como a história, ele deve ser pensado essencialmente como uma estética – um discurso que formata, que figura – e não como uma epistemologia objetiva, verdadeira ou fundacional. E essa definição se encaixa no argumento deste texto.

[2] Discuti a maioria desses teóricos em meu trabalho anterior *On "What is History!"* (London, Routledge, 1995).

[3] Richard Evans, *In Defense of History* (2. ed., London, Granta, 2001) [Richard J. Evans, *Em defesa da História*, Lisboa, Temas e Debates, 1999, Col. Memórias do Mundo]; Arthur Marwick, *The New Nature of History* (London, Palgrave, 2001).

[4] Ernesto Laclau, "The Uses of Equality", em *Diacritics* (Spring, 1997), pp. 3-17. Veja, para uma discussão ampliada de democracia radical, J. Butler, E. Laclau e S. Žižek, *Contingency, Hegemony, Universality* (London, Verso, 2000).

[5] Discuti o fracasso da experiência modernista em *On "What is History!"*, op. cit. passim.

[6] *Rethinking History* [*A História repensada*], com um novo prefácio e uma entrevista feita por Alun Munslow, foi publicado na série Routledge Classics, no início de 2003.

103

Tempo(s) de abertura

[1] Citado em M. Poster, *Cultural History and Postmodernity* (Berkeley, University of California Press, 1996), p. 110.
[2] Citado em Ermarth, *Sequel to History* (Princeton, Princeton University Press, 1992), p. 148.
[3] Ibid., p. 184.
[4] Derrida expôs a ideia da "indecidibilidade da decisão" em muitos lugares; mas o fez de forma mais acessível em dois ensaios curtos e uma entrevista. Portanto, veja seus "Remarks on Deconstruction and Pragmatism", em C. Mouffe (org.), *Pragmatism and Deconstruction* (London, Routledge, 1996), pp. 77-88; "Deconstructions: The Im-possible", em S. Lotringer e S. Cohen (orgs.), *French Theory in America* (London, Routledge, 2001), pp. 13-32; "The Deconstruction of Actuality", em *Radical Philosophy*, 68 (1994). Veja, também, os comentários de Laclau sobre a ideia de indecidibilidade de Derrida em seu "Deconstruction, Pragmatism, Hegemony", em Mouffe, pp. 47-68.
[5] Ver a entrevista de Derrida com R. Kearney, "Deconstruction and the Other", em *States of Mind* (Manchester, Manchester University Press, 1995), pp. 156-76, 170; aqui, Derrida escreve: "Eu tento, sempre que posso, agir politicamente, reconhecendo que essa ação permanece fora de sintonia com meu projeto intelectual de desconstrução."
[6] J. Derrida, "Spectres of Marx", em *New Left Review*, 205 (1994), p. 53.
[7] J. F. Lyotard, *The Postmodern Condition* (Manchester, Manchester University Press, 1984), apêndice.
[8] S. Cohen, *Historical Culture* (Berkeley, University of California Press, 1986), p. 2.
[9] J. Baudrillard, *The Perfect Crime* (Londres, Verso, 1996), passim. Veja também meu capítulo "Baudrillard and History" em *Why History!*, ibid., pp. 56-70.
[10] R. Beardsworth, *Derrida and the Political* (London, Routledge, 1996), p. xiii.
[11] Parte do meu argumento aqui é derivado de meu texto "A Postmodern Reply to Perez Zagorin", em *History and Theory*, 39, 2 (2000), pp. 181-200. Das introduções a Derrida em geral, a melhor é provavelmente *Interrupting Derrida* (London, Routledge, 2000),

de G. Bennington. *Jacques Derrida*, de Bennington (escrito com Derrida) (2. ed., Chicago, University of Chicago Press, 1999) é outro excelente texto, contendo uma bibliografia de quase cem páginas de obras de Derrida e sobre ele. Veja, também, *The Ethics of Deconstruction* (2. ed., Edinburgh, Edinburgh University Press, 1999), de S. Critchley, e seu *Ethics, Politics, Subjectivity* (London, Verso, 1999).
[12] J. Derrida em Mouffe, op. cit., pp. 83-4.
[13] Uma das introduções mais claras a Derrida e a linguagem está em *The Ethics of Deconstruction*, op. cit., de Critchley; ver, principalmente, os capítulos 1 e 2.
[14] Derrida, citado em Bennington, ibid., p. 37.
[15] Ibid., p. 37.
[16] J. Derrida em R. Kearney, op. cit., p. 25.

Ordem(ns) do dia

[1] H. White, *Tropics of Discourse* (Baltimore, Johns Hopkins University Press, 1978), p. 47.
[2] E. Laclau (J. Butler), "The Uses of Equality", *Diacritics*, Spring (1997), pp. 3-20, p. 18.
[3] M. Roth, *The Ironist's Cage* (New York, Columbia University Press, 1995).
[4] E. Domanska, *Encounters: Philosophy of History After Postmodernism* (Charlottesville, University Press of Virginia, 1998), p. 17. O livro de Domanska – uma série de entrevistas com os principais historiadores/teóricos da história (White, Kellner, Ankersmit, Iggers, Topolski, Rusen, Danto, Gossman, Burke e Bann) – oferece algumas ideias valiosas sobre os teóricos e as motivações de autores de importantes contribuições ao tema "pós-modernismo e história".
[5] K. Jenkins, "A Conversation with Hayden White", em *Literature and History*, 3rd series, 7, 1 (1998), pp. 71-2.
[6] A. Danto, *Analytical Philosophy of History* (Cambridge, Cambridge University Press, 1965), pp. 143-81. Danto também apresenta esse argumento de uma forma um pouco diferente em

"Narrative Sentences", *History and Theory*, 11 (1962), pp. 146-79. Veja, também dele, "The Decline and Fall of The Analytical Philosophy of History", em F. R. Ankersmit e H. Kellner (orgs.), *A New Philosophy of History* (London, Reaktion Press, 1995), pp. 70-88; todo o volume é uma excelente introdução à história para além da "virada linguística".
[7] F. R. Ankersmit, *History and Tropology* (Berkeley, University of California Press, 1994), p. 187, passim.
[8] F. R. Ankersmit, op. cit., p. 190. Para a definição de White sobre história como discurso narrativo, tanto imaginado quanto encontrado, ver seu ensaio "The Historical Text as Literary Artefact", em *Tropics of Discourse*, op. cit., pp. 81-100, p. 82, e p. 2 de seu *Metahistory* (Baltimore, Johns Hopkins University Press, 1973).
[9] H. White, "Historical Emplotment and the Problem of Truth in Historical Representation", em *Figural Realism* (Baltimore, Johns Hopkins University Press, 1999), pp. 27-42, p. 27.
[10] R. Barthes, "The Discourse of History", em K. Jenkins, *The Postmodern History Reader* (London, Routledge, 1997), pp. 120-3.
[11] C. Lorenz, "Historical Knowledge and Historical Reality", em *History and Theory*, 33, 3 (1994), pp. 297-334, pp. 313-4.
[12] R. Berkhofer, "The Challenge of Poetics to (Normal) Historical Practice", em K. Jenkins, *The Postmodern History Reader*, op. cit., pp. 139-57, pp. 146-7.
[13] H. White, "An Old Question Raised Again: Is Historiography Art or Science?", em *Rethinking History Journal*, 4, 3 (2000), pp. 391-406, p. 392.
[14] F. R. Ankersmit, *Historical Representation* (2001); "Reply to Professor Zagorin", *History and Theory*, 29, 3 (1990).
[15] F. R. Ankersmit, "Reply to Professor Zagorin", ibid., p. 277.
[16] Ibid., p. 278.
[17] Ankersmit, *Historical Representation*.
[18] Ibid.
[19] Ibid.
[20] H. White, *Metahistory*, op. cit., p. 433.

Começar de novo:
das disposições desobedientes

[1] E. Said, *Representations of the Intellectual* (London, Vintage, 1994), p. 9.
[2] Ibid., p. 46.
[3] P. Hallward, "Introduction to A. Badiou", em *Ethics: an Essay on the Understanding of Evil* (London, Verso, 2001), p. viii.
[4] Ibid., p. x.
[5] Ibid., p. 42.
[6] Ibid., p. 42.
[7] J. Baudrillard, *The Ilusion of the End* (Cambridge, Polity Press, 1994). Ver, especialmente, os dois últimos capítulos (muito) curtos de Baudrillard, nos quais ele descreve sua nova "poética da história".
[8] Ibid., pp. 120-2.
[9] E. D. Ermarth, "Beyond 'The Subject': Individuality in the Discursive Condition", em *New Literary History*, 31, 3 (2000), pp. 405-20. Ermarth desenvolveu suas ideias – discutidas longamente em sua obra *Sequel to History: Post-modernism and the Crisis of Representational Time* (Princeton, Princeton University Press, 1992) – em vários lugares. Veja "Phrase Time: Chaos Theory and Postmodern Reports on Knowledge", em *Time and Society*, 4 (1995), pp. 95-100; "Time and Neutrality: Media of Modernity in a Postmodern World", em *Cultural Values*, 1 (1998), pp. 355-67. Ermarth escreveu um ensaio intelectual/biográfico breve, mas incisivo ("Beyond History") para *Rethinking History Journal*, 5, 2 (2001), pp. 195-215. A autora é, penso eu, uma das poucas que dão como certo o fim das histórias da modernidade e que está interessada, sobretudo, na seguinte questão: há "possibilidades de escrever histórias quando o aparelho consensual que sustenta a modernidade tiver sido desmantelado? Essa questão está me envolvendo atualmente [...]" ("Beyond History", p. 212).
[10] V. Nabokov, *Transparent Things* (London, Weidenfeld and Nicolson, 1973), pp. 1-2. (No Brasil, *Transparências*, Tradução Primavera das Neves, Rio de Janeiro, Cedibra, 1973.)
[11] Ermarth, "Beyond 'The Subject'", op. cit., p. 417.

Índice

Ankersmit, F. 18, 61-2, 69-81, 105-6
Badiou, A. 10, 69, 89-91, 107
Barthes, R. 10, 65, 106
Baudrillard, J. 10, 19, 30, 55, 61, 92-4, 97, 104, 107
Beardsworth, R. 104
Bennington, G. 41-3, 46, 105
Berkhofer, R. 63, 65-6, 106
Burke, S. 52, 59, 105
Butler, J. 10, 103, 105

Caputo, J. 48
Carr, E. H. 9, 28, 44-5
Certeau, M. de 22
Cohen, S. 9, 29, 104
Critchley, S. 105

Danto, A. 60, 105
Derrida, J. 11, 18, 24-5, 29-30, 32-44, 46-8, 53, 78, 89, 91, 104-5
Domanska, E. 105

Elton, G. 9, 83
Ermarth, E. D. 10, 23-4, 51, 94-7, 104, 107
Evans, R. 10, 74, 83, 103

Foucault, M. 10, 30

Hallward, P. 69, 107
Hill, C. 81

Kearney, R. 104-5
Kellner, H. 105-6

Lacan, J. 69
Laclau, E. 14, 25, 30, 103-5
Lorenz, C. 65-6, 106
Lyotard, J. F. 10, 27, 30, 81, 104

Marwick, A. 10, 56, 74, 103
Mouffe, C. 104-5
Munslow, A. 103

Nabokov, V. 94-6, 107
Nagel, T. 79
Nietzsche, F. W. 22

Poster, M. 104

Quine, V. O. 72-3

Robbe-Grillet, A. 23
Rorty, R. 9, 85, 91
Roth, M. 55, 105

Said, E. 88, 107
Schama, S. 81
Stone, N. 81

Thompson, E. P. 83

West, C. 81
White, H. 9, 18, 52, 55-7, 62, 65-9, 71, 82-3, 105-6

Zagorin, P. 104, 106
Zemon Davis, N. 81
Žižek, S. 103